MARIE LOUISE FISCHER

Ein Mädchen kommt ins Landschulheim

Inhalt

Leonas beste Freundin	7
Leona kämpft mit allen Mitteln	13
Auf nach Rabenstein	23
Ein schwerer Anfang	31
Bin ich wirklich schön?	42
Der erste Kuß	53
Leona sucht eine Freundin	63
Unerwarteter Besuch	75
Endlich eine Rabensteinerin!	88
Ein Streich muß durchkreuzt werden	102
Wir sind noch mal davongekommen	116
Ein Wochenende zu Hause	129
Eine langersehnte Verabredung	142

Leonas beste Freundin

„Menschenskind, du ahnst nicht, wie ich mich auf morgen freue!" Babsi gab Leona, ihrer um einen guten Kopf größeren Klassenkameradin einen wohlmeinenden Rippenstoß. „Paß mal auf, das wird der Wandertag des Jahrhunderts!"

Die beiden Mädchen schlenderten, die Mappen unter dem Arm, von der Schule nach Hause. Der große Pulk hatte sich schon aufgelöst, und sie gingen jetzt, da sie Nachbarinnen waren, das letzte Stück allein.

„Na denn . . . viel Spaß!" erklärte Leona herablassend.

Babsi blieb stehen. „Soll das etwa heißen, daß du wieder nicht mitkommst?"

„Du sagst es."

7

„Aber Leona, das kannst du nicht machen!" rief Babsi. „Du kannst dich nicht schon wieder ausschließen! Das ist unmöglich!"

Leona blieb gelassen. „Was regst du dich über meine Probleme auf?"

„Weil ich es gut mit dir meine!"

„Danke. Aber ich erinnere mich nicht, daß ich dich um Hilfe gebeten habe."

„Nein, das hast du nicht! Du bildest dir nur ein, du brauchst niemanden von uns. Das habe ich längst gemerkt, ich bin ja nicht blöd. Aber du kannst dich nicht so absondern. Jeder Mensch braucht Freunde."

Leona warf mit Schwung ihr langes, hellblondes Haar in den Nacken. „Die habe ich ja."

„Du? Da bin ich aber mal gespannt. Es gibt niemanden in der Klasse, der dich leiden kann. Außer mir. Und aus mir machst du dir ja auch nichts."

„Das ist nicht wahr!" protestierte Leona jetzt doch. „Ich finde dich ganz annehmbar, wirklich."

„Ich bin also annehmbar . . . wie ungeheuer schmeichelhaft." Babsi lachte. „Annehmbar für die große, überlegene Leona Heuer aus der siebten Klasse! Darauf kann ich mir wohl was einbilden!"

„Sei nicht albern. Du weißt schon, wie ich's meine. Du bist wirklich nett. Bloß . . . an meine Mutter kannst du natürlich nicht tippen."

„Deine Mutter?" fragte Babsi verständnislos. „Was hat die denn damit zu tun?"

„Sie ist meine beste Freundin."

„Deine Mutti!? Sag das noch mal! Ich glaub, mein Schwein pfeift!"

„Du hast mich ganz gut verstanden."

Leona war jetzt an dem Mietshaus in der Holbeinstraße

angelangt, in dem sie mit ihren Eltern lebte, und bog in den schmalen Vorgarten ein.

Babsi gab noch nicht auf. „Ich gebe ja zu, sie ist sehr süß, aber . . .“

„Red nicht über Dinge, von denen du nichts verstehst!“ fiel Leona ihr ins Wort. „Dann also . . . bis übermorgen.“

Babsi lehnte sich gegen den niedrigen Pfeiler. „Du kommst also wirklich nicht mit?“

„Habe ich das nicht schon unmißverständlich erklärt!“

„Dann bist du nicht zu retten!“ Jetzt machte Babsi, daß sie weiterkam.

Leona hatte an der Haustür geklingelt, drückte auf, als der Summton erklang. Mit großen Schritten lief sie die Treppen bis in den zweiten Stock hinauf. Die Wohnungstür war schon geöffnet und nur angelehnt.

„Hallo, Mutti!“ rief Leona im Eintreten. „Was gibt's heute Gutes?“ Sie stellte die Schulmappe ab und betrachtete sich kritisch im Garderobenspiegel. Wie immer fand sie sich etwas farblos. Nur die grauen Augen, die sie durch die schwarz getuschten Wimpern betonte, gefielen ihr. „Das war wieder mal ein Theater“, erzählte sie, öffnete die Schublade der Garderobe und zog ihr Mäppchen mit den Schönheitsutensilien heraus. „Morgen ist der berühmte Wandertag. Die Gänse wollen an die Isarauen radeln, Feuer machen und ein Picknick veranstalten. Aber nur keine Sorge . . . ohne mich!“ Leona zog ihre Lippen nach und verteilte Rouge auf die Wangen. Jetzt gefiel sie sich schon viel besser. Zu dumm, daß die Lehrer das Anmalen in der siebten Klasse noch nicht erlauben wollten.

Leona wandte sich ab und ging in die Küche. „Du schreibst mir doch eine Entschuldigung, ja?“

Irene Heuer war wirklich, wie Babsi gesagt hatte, sehr süß, schlank und blond und sehr jung.

9

In einer bunten, eng um die schmale Taille gegürteten Schürze stand sie am Herd. Man hätte sie für Leonas ältere Schwester halten können.

Die Ähnlichkeit war auffallend.

Aber sie begrüßte ihre Tochter nicht so fröhlich wie sonst, sondern schenkte ihr nur ein schwaches Lächeln und einen umflorten Blick.

„He, was ist los mit dir?" Leona legte einen Arm um sie. „Kriege ich denn kein Bussi?"

„Doch!" Die festen Lippen drückten sich auf Leonas Wange.

„Ist es nicht herrlich, daß ich morgen frei habe? Da können wir mal wieder was unternehmen ... oder wir schlafen uns einfach aus. Mindestens so lange wie Vati."

Leonas Vater war Journalist. Meist dauerte seine Arbeit bis in den Abend hinein, dafür brauchte er morgens auch erst spät zu beginnen.

Irene Heuer wandte das Gesicht ab und rührte in einem der Töpfe.

„Bist du etwa böse auf mich?" fragte Leona bestürzt. „Aber ich habe dir doch nichts getan!"

„Nicht auf dich."

„Auf Vati? Nun erzähl mal! Was hat er denn nun schon wieder angestellt!"

„Eigentlich sollte ich dich da nicht mit hineinziehen ...", sagte ihre Mutter ausweichend.

„Na hör mal! Wir sind doch schließlich Freundinnen ... oder etwa nicht?"

„Es ist nicht recht von mir, wenn ich mich bei dir über Vati beklage."

„Quatsch mit Soße. Ich kenne ihn doch schließlich ebensogut wie du. Und ich sage dir immer, du bist viel zu nachgiebig mit ihm. Es ist schön blöd von dir, daß du immer abends zu Hause sitzt und wartest, bis er endlich kommt. Wir sollten mal was zusammen unternehmen. Daß er zu arbeiten hat, glaube ich ihm ja, aber . . ."

„Eben nicht", fiel ihr die Mutter ins Wort.

„Was?" Ganz verdutzt sah Leona sie mit offenem Mund an.

„Er arbeitet abends nicht." Irene Heuers Stimme klang gepreßt. „Nicht immer jedenfalls oder nicht nur." Sie hatte Mühe, nicht in Tränen auszubrechen. „Tante Ella hat ihn gestern gesehen. In einem Nachtlokal. Er hat getanzt. Mit einem sehr schicken Mädchen."

„So ein Schuft!" Leona wurde blaß unter ihrem Rouge. „Und mit uns geht er nie aus!"

„Was soll ich jetzt bloß tun, Leona? Tante Ella meint, das beste wäre, ich ließe mir gar nichts anmerken . . ."

„Wir sollen uns stillschweigend gefallen lassen, daß er uns betrügt?" rief Leona empört. „Kommt ja nicht in die Tüte!"

„Aber was dann?"

„Du mußt ihn zur Rede stellen! Und wenn er nicht eine sehr gute Entschuldigung auf Lager hat, reichst du die Scheidung ein. So wie du gebaut bist, findest du immer noch einen anderen."

Die Mutter sah Leona mit einem seltsamen Ausdruck an. „Hast du ihn denn gar nicht lieb?"

„Aber das ist doch kein Grund, mir alles von ihm gefallen zu lassen! Nein, Mutti, irgendwo muß ein Punkt sein." Leona machte ein wild entschlossenes Gesicht.

Irene Heuer ließ sich auf den Küchenstuhl sinken. „Aber wenn Vati und ich uns trennen, dann müßte ich wieder arbeiten gehen . . . nicht, daß mir davor graut, im Gegenteil . . . aber was soll dann aus dir werden?"

„Ich bleibe natürlich bei dir", erklärte Leona mit schöner Selbstverständlichkeit, „schließlich habe ich ja auch einen Beruf, die Schule. Und wenn du Vati nicht mehr versorgen mußt, schaffen wir beide den Haushalt spielend. Ganz nebenbei."

„Ich weiß wirklich nicht . . ."

„O Mutti, tu einmal . . . nur ein einziges Mal, was ich dir sage!
Vati ist ja nicht aus der Welt, auch wenn du dich scheiden läßt.
Und wir beide werden ein herrliches Leben miteinander führen!"

An diesem Abend kam Peter Heuer, Leonas Vater, wieder einmal
erst nach Hause, als Leona längst im Bett lag – und das, obwohl
sie bis zu den 10-Uhr-Nachrichten vor dem Fernseher gesessen
hatte. Am Morgen war ihr, als hätte sie in der Nacht Stimmen
gehört. Aber sie wußte nicht, ob sie es nicht geträumt hatte. Der
kleine Zeiger auf ihrer Nachttischuhr ging schon auf elf Uhr zu.
    Leona beeilte sich aufzustehen, schlüpfte in ihre Pantoffeln
und suchte die Mutter. „Morgen, Mutti . . . lieb, daß du mich so
lange hast schlafen lassen!"
    Frau Heuer saß im Wohnzimmer und las Zeitung.
    Leona schlang einen Arm um ihre Schultern und gab ihr
einen Kuß. „Das Frühstück kann ich heute mal überspringen,
was meinst du?"
    Frau Heuer ließ die Zeitung sinken und sah Leona an; ihre
Augen waren rot und leicht verschwollen von vergossenen
Tränen. „Dein Vater und ich haben uns ausgesprochen."
    „Sehr gut." Leona setzte sich der Mutter gegenüber. „Und was
ist dabei herausgekommen?"
    „Das möchte er dir gern sagen. Er erwartet dich um zwei Uhr
im Restaurant zum Essen."
    „Spitze!" rief Leona. „Das nenne ich mal eine Idee." Sie sprang
auf und fragte, mit plötzlich erwachtem Mißtrauen: „Du hast
dich doch hoffentlich nicht wieder rumkriegen lassen?"
    „Keine Sorge." Ihre Mutter lächelte schwach.
    „Um so besser. Dann werde ich mich jetzt mal in Schale
werfen."
    Das elegante Restaurant in München war zwar nur fünf
Minuten von der Holbeinstraße entfernt, und bis zur Verabredung mit dem Vater blieben noch drei Stunden Zeit. Aber

wenn Leona sich schön machen wollte, dann tat sie es gründlich. Sie badete sich, wusch ihr Haar und zog sich mit Sorgfalt an. Statt der üblichen Jeans wählte sie ihr bestes Kleid und ihr einziges Paar heiler Strumpfhosen.

Mit unendlicher Geduld verschönte sie ihr Gesicht mit allen möglichen Farben, und es ging wirklich schon auf zwei Uhr zu, als sie endlich fertig war.

Aus ihrem Mantel war sie schon etwas herausgewachsen, deshalb verzichtete sie darauf, ihn anzuziehen. Es war ein sonniger, noch sehr frischer Vorfrühlingstag, aber Leona fand es besser, in Schönheit zu frieren.

„Möchtest du nicht doch wenigstens eine Kleinigkeit essen?" fragte die Mutter.

„Kommt nicht in Frage. Heute will ich Vati schädigen!"

Irene Heuer zog sie zärtlich an sich. „Mach's gut, Liebling . . . und halt die Ohren steif!"

Lachend löste Leona sich aus der Umarmung. „Um mich brauchst du dir keine Sorgen zu machen, Mutti! Ich lasse mich nicht von Vati einschüchtern! Das solltest du doch schon wissen!"

Leona kämpft mit allen Mitteln

Als Leona die geschwungene Treppe zu dem Restaurant hinaufstieg, knurrte ihr der Magen, und ihre Wangen glühten von der kalten Luft. Jeder Tisch war besetzt, und sie sah sich suchend um.

Ein Angestellter in schwarzem Smoking trat auf sie zu. „Sind Sie verabredet?"

Es tat Leona unendlich wohl, gesiezt zu werden. „Ja, mit Herrn Heuer . . . Peter Heuer, dem Redakteur", erklärte sie.

„Herr Heuer ist schon hier! Er sitzt drüben am Fenster. Darf ich Sie führen?"

Leona folgte dem Geschäftsführer. Ihr Vater saß allein an einem kleinen Fenstertisch und studierte die Speisekarte. Obwohl Leona im Augenblick sehr schlecht auf ihn zu sprechen war, mußte sie zugeben, daß er gut aussah. Er trug das dunkelblonde, dichte Haar ziemlich lang, hatte ein gepflegtes Bärtchen zwischen der Oberlippe und der Nase und ein Kinn mit einem lustigen Grübchen.

Allerdings fand Leona, daß er in Jeans und Rollkragenpullover zu sportlich gekleidet war – jedenfalls für diese feine Umgebung und für sein Alter. Er war immerhin schon vierunddreißig Jahre und damit nicht mehr taufrisch.

Sie begrüßte ihn mit Würde.

„Nanu, wie siehst du denn aus?" fragte er. „Bist du in einen Farbtopf gefallen?"

„Ich habe mich für dich schön gemacht." Sie schenkte ihm ein überlegenes Lächeln. „Es tut mir leid, wenn ich deinen Geschmack nicht getroffen habe."

Er verzichtete auf eine Antwort und reichte ihr die Speisekarte. Sie wählte einen Crevettencocktail, Artischockenböden mit warmer Soße und zum Nachtisch Maroneneis mit Pflaumen. Ihr Vater entschied sich für ein Steak. Als er die Bestellung aufgegeben hatte, entstand ein lastendes Schweigen zwischen ihnen.

Leona entschloß sich, den Stier bei den Hörnern zu packen.

„Wolltest du mir nicht was sagen, Vati?"

„Ja, ich habe dir etwas zu eröffnen. Aber ich glaube, wir sollten damit bis nach dem Essen warten."

„Oh, warum denn? Ich lasse mir so leicht nicht den Appetit verderben."

„Na gut, ganz wie du willst. Also: Deine Mutter und ich sind übereingekommen, uns zu trennen."

„Habe ich mir gedacht", sagte Leona mit einer gewissen Befriedigung, weil die Mutter ihren Rat befolgt hatte.

„Erst mal vorübergehend. Nicht, daß wir böse aufeinander wären. Wir haben einfach zu jung geheiratet, verstehst du. Ich kann mich nicht ein ganzes Leben an die Kette legen, und für deine Mutter ist es kein Zustand, dauernd allein zu Hause zu hocken."

„Das habe ich ihr auch schon gesagt."

„Wie gut, daß du so einsichtig bist. Sie wird also in ihren Beruf zurückkehren. Nun hör mir mal gut zu, Leona. Wir beide, deine Mutter und ich, finden, daß es nicht gut für dich wäre, mit ihr allein zu leben. Du bist ohnehin schon zu altklug, eine Einzelgängerin . . ."

„Das stimmt doch gar nicht!"

„Leider doch. Du gehörst unter junge Menschen, die . . ."

Leona fiel ihm ins Wort. „Aber ich bin unter jungen Leuten. Ich habe Freundinnen!"

„Wen denn?"

Diese Frage brachte Leona doch ein bißchen in Verlegenheit.

„Na, Babsi zum Beispiel", behauptete sie und spürte selber, daß das nicht sehr überzeugend klang.

„Babsi von nebenan! Na hör mal!" Peter Heuer lachte. „Der hast du dich doch von jeher haushoch überlegen gefühlt."

„Deshalb kann sie doch trotzdem meine Freundin sein."

„Das zeigt mir, daß du keine Ahnung hast, was Freundschaft überhaupt bedeutet. Du nutzt Babsi doch nur aus."

In Leonas graue Augen kam ein gefährliches Funkeln. „Und das hältst ausgerechnet du mir vor, wo du Mutti behandelst wie . . ."

„Über meine Ehe möchte ich nicht mit dir diskutieren!" sagte Herr Heuer scharf.

„Und ich nicht mit dir über meine Freundinnen!" fauchte Leona zurück.

Vater und Tochter starrten sich wütend in die Augen.

Dann kam zum Glück der Ober und stellte den Crevetten-cocktail vor Leona und ein Glas Sherry vor Herrn Heuer.

„Fang schon an", sagte der Vater.

Leona war die Lust zum Essen eigentlich vergangen, aber die winzigen rosigen Krebschen in der delikaten Soße blickten sie doch zu verlockend an; sie konnte nicht widerstehen.

Herr Heuer hatte einen Schluck Sherry genommen und begann das Gespräch nach einer Weile von neuem.

„Ich gebe ja zu, daß ich mich deiner Mutter gegenüber nicht immer richtig verhalten habe. Wahrscheinlich bin ich sogar selber schuld, daß du dich zu sehr an sie gehängt hast. Sie war zuviel allein. Da habt ihr beide euch einfach daran gewöhnt, dauernd zusammen zu glucken. Also, bitte, von mir aus . . . ich bin der große Sündenbock."

Leona merkte sehr wohl, daß der Vater ihr eine Brücke baute, aber sie dachte nicht daran, sie zu betreten; sehr damenhaft tupfte sie sich die Lippen ab und erklärte mit Nachdruck: „Ich kann nichts dabei finden, daß Mutti und ich uns gut verstehen. Wahrscheinlich bist du nur eifersüchtig!"

„Ich? Eifersüchtig?" Vor Überraschung wurde der Vater laut, merkte es selber und dämpfte die Stimme. „Das soll wohl ein Witz sein?"

„Aber wieso denn?" erwiderte Leona unerschüttert. „Das liegt doch auf der Hand."

Peter Heuer leerte sein Glas. „Leider muß ich feststellen, daß mit dir wirklich nicht mehr zu reden ist."

„Dann lassen wir's eben." Leona machte sich wieder über ihre Vorspeise her.

„Das könnte dir so passen. Nein, so kommst du mir nicht davon. Ich habe dir etwas zu sagen, und ich werde es dir jetzt sagen. Wenn wir uns trennen, bleibst du nicht bei deiner Mutter."

Leona fiel fast die kleine Gabel aus der Hand. „Du willst mich fortgeben?"

„Nicht ich. Deine Mutter und ich haben gemeinsam beschlossen . . ."

„Das ist einfach nicht wahr!" Leona sprang auf und stieß den Stuhl zurück.

„Doch. Und jetzt setz dich gefälligst hin und hör mich an."

„Du wirst mir nicht weismachen, daß Mutti mich loswerden will!"

„Niemand will dich loswerden, Leona. In deinem eigenen Interesse sind wir übereingekommen, daß es nicht gut für dich wäre, dich noch enger an sie anzuschließen, was zwangsläufig geschehen würde, wenn ich ausgezogen bin."

„Wenn du erst weg bist, kann es dir doch ganz egal sein, was wir machen!" Leona stand immer noch.

„Das kannst du doch nicht wirklich glauben. Wie es auch mit deiner Mutter und mir weitergeht, du bist und bleibst immer meine Tochter . . ."

„. . . die du in die Wüste schicken willst!"

„Nicht in die Wüste, Leona, in ein Internat!"

Leona war inzwischen auf etwas Ähnliches vorbereitet gewesen, dennoch verschlug es ihr die Sprache.

„Wir haben das Landschulheim Rabenstein für dich ausgesucht", erklärte der Vater, „vielleicht hast du schon davon gehört, ein wirklich fabelhaftes . . ."

„Niemals! Nie kriegt ihr mich dahin!" Leona war weiß bis an die Lippen geworden.

Der Ober servierte die Artischocken und das Steak.

„Hm, das sieht gut aus", sagte der Vater, um Leona abzulenken, „nun iß erst mal, und dann . . ."

„Ach, verdammt, steck dir doch deine Artischocken an den Hut!" schrie Leona völlig außer sich und ganz undamenhaft, drehte sich um und rannte aus dem Restaurant.

Das kann doch nur eine Schikane des Vaters sein, dachte Leona verzweifelt

Es dauerte eine gute halbe Stunde, bis Leona sich soweit gefaßt hatte, daß sie ihrer Mutter unter die Augen treten konnte. Sie wollte nicht wie ein heulendes Baby angerannt kommen, denn es war ihr doch so wichtig, von der Mutter ernstgenommen zu werden.

Also war sie erst einmal durch die Straßen gelaufen, hatte sich dann in dem kleinen, noch vorfrühlingskahlen Shakespearepark auf eine Bank gesetzt und erst einmal ausgeschluchzt. Danach hatte sie die verlaufene Wimperntusche und die verschmierten Lidschatten so gut es ging mit Spucke weggewischt.

Endlich wurde ihr bewußt, daß sie in ihrem hübschen Kleid und ohne Mantel erbärmlich fror, und sie beeilte sich, nach Hause zu kommen.

Leona verstand jetzt schon selbst nicht mehr, warum sie sich so aufgeregt hatte.

Das Ganze konnte doch nur eine Schikane vom Vater sein. Sie sollte fort, damit die Mutter ganz allein blieb und ihm tüchtig nachtrauerte. Es war doch ausgeschlossen, daß sie mit ihm unter einer Decke steckte.

So setzte sie sogar ein Lächeln auf, als Irene Heuer ihr die Wohnungstür öffnete.

„Na, wie ist es gegangen?" fragte die Mutter.

An jedem anderen Tag hätte Leona gleich losgelegt. Aber seit ihrer Auseinandersetzung mit dem Vater war eine Veränderung in ihr vorgegangen. Es fiel ihr auf, daß ihre Mutter noch bedrückter wirkte als vorhin beim Abschied.

„Willst du etwa behaupten, daß Vati dich nicht schon angerufen hat?" fragte Leona mißtrauisch.

Leona und ihre Mutter standen sich im Wohnungsflur gegenüber und betrachteten sich mit neuen Augen.

„Stimmt, Vati hat mir berichtet, daß du weggelaufen bist", gab Frau Irene Heuer etwas verlegen zu. „Aber ich wollte von dir hören, wie es dazu gekommen ist."

„Wie mitfühlend von dir!" sagte Leona, und es klang, wie es gemeint war: sehr verletzend.

„Leona!"

Das junge Mädchen trat einen Schritt näher auf ihre Mutter zu. „Sei, bitte, ehrlich! Wußtest du, daß Vati mich am liebsten ins Internat stecken möchte?" In dieser Frage klang die zaghafte Hoffnung mit, die Mutter könnte vielleicht doch so ahnungslos sein, wie Leona selber es noch bis vor wenigen Stunden gewesen war.

Aber diese Hoffnung wurde zerstört.

„Ja", sagte Frau Heuer.

Leona mußte nach Luft schnappen. „Und du hast mich nicht gewarnt!?"

Frau Heuer biß sich auf die Lippen. „Hör mal, Liebling", sagte sie mit angestrengt beherrschter Stimme, „ich glaube, du siehst die Sache völlig falsch." Sie legte den Arm um Leonas Schultern. „Vati und ich wollen dich doch nicht in die Verbannung schicken . . ."

Mit einem Ruck riß Leona sich los. „Du willst mich also auch loswerden? Das kann doch nicht wahr sein!"

„Wirklich, Leona, es besteht kein Grund, dich so aufzuregen! Wir wollen nur dein Bestes!"

„Und über mein Bestes entscheidet ihr einfach über meinen Kopf hinweg? Ohne mich auch nur einmal zu fragen, was ich selber möchte? Ihr seid gemein, einfach gemein . . . alle beide! Du genau wie Vati!"

Unter dieser Anschuldigung zuckte Frau Heuer zusammen, aber sie behielt die Fassung. „Ich verstehe ja, daß du jetzt sehr aufgeregt bist, aber . . ."

„Nichts verstehst du, gar nichts! Sonst würdest du mir das nicht antun! Immer hast du gesagt, ich wäre deine beste Freundin! Und jetzt läßt du mich fallen wie 'ne heiße Kartoffel! Wie kannst du da sagen, daß du mich verstehst?" Leona stieß die

Mutter beiseite, stürzte in ihr Zimmer, knallte die Tür hinter sich zu und warf sich, ohne auf ihr schönes Kleid zu achten, quer über ihr Bett.

So verzweifelt schluchzte Leona, daß sie gar nicht merkte, wie sich nach einiger Zeit die Tür hinter ihr öffnete und die Mutter eintrat. Sie balancierte ein Tablett und stellte es auf dem Schreibtisch ab.

„Ich habe dir einen Teller gute Bouillon gemacht", sagte sie, „mit Nudeln! Die ißt du doch so gern!"

„Laß mich in Ruhe!" protestierte Leona.

„Du sahst vorhin so verfroren aus . . . und satt kannst du doch auch nicht geworden sein!"

Leona gab keine Antwort.

Irene Heuer zog sich den kleinen Sessel an ihr Bett. „Denkst du denn gar nicht daran, daß ich auch sehr traurig bin?" ·

„Weil Vati dich sitzenläßt . . . ja, deshalb!"

„Nein, genauso sehr, weil wir beide uns trennen müssen."

Leona warf sich herum und richtete sich auf. „Aber wir müssen ja gar nicht!" Ihr Gesicht war ganz rot, und ihr schönes blondes Haar verstrubbelt und verklebt. „Mutti, bitte, bitte, laß dir doch nichts von Vati einreden! Wir könnten es so schön miteinander haben!"

„Ja, noch ein paar Jahre und dann? Du wirst jetzt dreizehn, in fünf Jahren bist du erwachsen, du wirst heiraten wollen . . ."

„Nie! Nie nehme ich mir einen Mann!"

„Und wenn doch? Was wird dann aus mir? Denk doch mal nach! Wie würde es dir gefallen, wenn ich dir vorhalten würde: Ich bin immer für dich dagewesen, jetzt kannst du mich nicht einfach . . . wie sagtest du doch so schön . . .? fallen lassen wie 'ne heiße Kartoffel."

„Aber so weit wird es ja gar nie kommen! Ich werde immer bei dir bleiben, Mutti, immer!"

„Du willst also eine alte Jungfer werden? Und nach meinem Tod einsam und allein und nur für dich leben?"

„Das würde mir auch nichts ausmachen... jedenfalls halb soviel wie jetzt das blöde Landschulheim."

„Aber es ist nicht blöde, Leona, es ist wunderschön dort in Rabenstein. Es liegt nur etwa achtzig Kilometer von München entfernt in den Voralpen. Ein Tennisplatz gehört dazu, ein geheiztes Schwimmbecken, ein großer, parkartiger Garten..."

Leona hatte sich schon längst die Ohren zugehalten. „Du redest wie ein Werbeprospekt! Laß mich in Ruhe... ich will nichts davon hören."

„Wie du willst." Frau Heuer sah ein, daß es sinnlos war und erhob sich. „Dann lasse ich dich jetzt allein. Aber iß deine Suppe. Sie wird dir guttun." Sie ging zur Tür.

„Mutti!"

Frau Heuer drehte sich um.

„Hast du mich denn gar nicht mehr lieb?"

„Doch, Leona. Ich habe dich lieb und auch deinen Vater. Aber ich habe eingesehen, daß ich falsch gelebt habe. Ich habe mich in den letzten Jahren viel zu sehr dir gewidmet... viel mehr als für dich und für mich und für meine Ehe gut war. Laß mich jetzt mal reden, ja? Das ist nun wirklich keine Schleichwerbung. Es hat sich bei mir immer alles nur um dich und um meinen Mann gedreht. Dadurch mußte ich ihm langweilig werden und zu einer Belastung dazu... und wenn ich noch ein paar Jahre so weitermache, werde ich dir genauso zum Hals heraushängen."

„Das ist einfach nicht wahr!" Leona schlug mit beiden Fäusten auf das Bett.

„Sag lieber: Du willst es nicht wahrhaben. Es wird nicht mehr lange dauern und du wirst mit Jungens herumziehen..."

„Das habe ich überhaupt nicht vor!"

„Glaube ich dir sogar. Aber paß mal auf, das ergibt sich ganz von selber. Meinst du, es würde mir so furchtbaren Spaß machen,

22

mir deine Geschichten anzuhören? Oder gar das Gefühl zu haben, daß du Heimlichkeiten vor mir hast?"

„Aber das ist doch alles Unsinn! Mutti, Mutti, kennst du mich wirklich so schlecht?"

„Wir werden ja sehen, wer recht behält. Rabenstein liegt nicht aus der Welt. Wir werden uns gegenseitig besuchen und fleißig Briefe schreiben."

„Jetzt verstehe ich endlich." Leonas Stimme klang tonlos. „Du willst mich also wirklich loswerden ... auch du. Du willst ... frei sein." Sie hoffte inständig, daß die Mutter sich diesen Vorwurf verwehren würde.

Aber Irene Heuer sagte ganz ruhig: „Damit hast du nicht so unrecht, Liebling. Wenn ich jetzt wieder arbeite, möchte ich auch für den Abend Verabredungen treffen können. Vielleicht sogar auch einmal fürs Wochenende. Ich möchte neue Menschen kennenlernen ... nicht unbedingt Männer, versteh mich nicht falsch ... aber junge Frauen meines Alters." Sie lächelte flehend. „Ich weiß, daß ich dir weh tue, Liebling, aber das ist besser, als dich anzulügen." Nach einem tiefen Atemzug fügte sie hinzu: „Ich will endlich auch wieder mal an mich denken!"

Damit verließ sie das Zimmer, und diesmal hielt Leona sie nicht zurück.

Auf nach Rabenstein

Zum erstenmal in ihrem Leben fühlte Leona sich hilflos. Natürlich war es auch früher bei ihr hier und da schon mal zu einer Panne gekommen; sei es, daß sie eine Klassenarbeit verpatzt, ein anderes Mädchen sie angefeindet hatte oder ihr ein Lieblingsspielzeug zerbrochen, ein Lieblingskleid zerrissen war.

Aber immer hatte sie auf den verständnisvollen Trost ihrer Mutter rechnen können, ja, noch mehr, Irene Heuer war sogar immer zum Eingreifen bereit gewesen.

So war sie, wenn in der Schule etwas schief zu laufen drohte, sofort in die Lehrersprechstunde gegangen und hatte guten Wind für Leona gemacht. Lieblingsspielzeug und Lieblingskleidungsstücke waren rasch, oft durch noch schönere ersetzt worden. Frau Heuer hatte auch angeboten, Klassenkameradinnen, die Leona nicht mochten, einzuladen und zu versöhnen. Aber daran hatte Leona selber nichts gelegen, denn ihr waren die anderen Mädchen herzlich gleichgültig.

Jetzt erst, da sie mit ihren Eltern verkracht war, spürte sie, mehr als ihr bewußt wurde, daß ihr eine wirkliche Freundin, bei der sie sich wenigstens hätte aussprechen können, fehlte.

Es blieb ihr nichts anderes übrig, als ihren Kummer stumm und verbissen mit sich herumzutragen.

Natürlich dachte sie daran, auszureißen. Aber sie war zu klug, um diese Idee in die Tat umzusetzen. Sie wußte, daß sie wie alle Ausreißerinnen früher oder später bestimmt erwischt werden und dann in einem öden Erziehungsheim landen würde.

Mit ihren Eltern sprach sie nur noch das Nötigste und ging auf keinen der vielen Versöhnungsversuche ihrer Mutter ein. Dabei wußte sie, daß auch das dumm war. Viel vernünftiger wäre es gewesen, sich durch ein herzliches, liebevolles, hilfsbereites Betragen einzuschmeicheln und die Mutter dahin zu bringen, daß sie es am Ende doch nicht über sich brachte, sich von ihr zu trennen.

Aber das konnte sie nicht. Sie war zu tief verletzt und zu sehr enttäuscht.

Nett zu ihrer Mutter zu sein hätte bedeutet, daß sie sich verstellen mußte, und das brachte sie nicht über sich.

Ihren Vater strafte Leona, seit er ihr eröffnet hatte, daß sie ins Internat sollte, mit Verachtung. Für seine gutmütigen Neckereien, mit denen er sie in bessere Laune zu versetzen suchte, hatte sie nicht das leiseste Lächeln übrig.

Merkwürdigerweise schienen sich die Eltern nun, da die Trennung beschlossene Sache war, mit einemmal viel besser zu verstehen. Irene Heuer kränkte sich nicht mehr, wenn ihr Mann erst spät nach Hause kam. Sie hatte so viel zu tun, nutzte jede freie Minute, ihre Kenntnisse als Sekretärin aufzufrischen und auf den neuesten Stand zu bringen.

Tatsächlich kam Peter Heuer jetzt häufig pünktlich zum Abendessen und brachte sogar manchmal Leckerbissen mit, einen Käse, den sie besonders mochte, Oliven oder frische Crevetten. Beide sprachen lebhaft miteinander und machten Pläne für die Zukunft.

Leona fühlte sich ausgeschlossen.

Selbst wenn es etwas Interessantes im Fernsehen gab, zog sie sich frühzeitig auf ihr Zimmer zurück. Sie wollte die Eltern mit ihrer Kälte strafen und tat sich selber viel mehr damit weh.

Bittere Tränen flossen in ihr Kissen, wenn sie die Eltern gemütlich zusammen im Wohnzimmer wußte. Aber in Gegenwart von Vater oder Mutter weinte sie nie mehr. Sie wußte, es würde ihr doch nichts helfen, und sie wollte sich nicht vor ihnen demütigen. Ihr Abgang vom Max-Josef-Stift, dem Mädchen-Gymnasium in München-Bogenhausen, das sie bisher besuchte, war beschlossene Sache.

Aber Leona sprach zu niemandem darüber.

Erst am letzten Schultag vor den Osterferien, als sie sich, wie üblich mit Babsi auf den Heimweg machte, erklärte sie so beiläufig wie möglich: „Du, ich komme übrigens nach den Ferien nicht mehr wieder!" – Ihre Stimme klang gepreßt, denn es war ihr, als stecke ihr ein Kloß im Hals.

„Was!?" Babsi riß förmlich vor Erstaunen Mund und Augen auf.

„Hörst du seit neuestem schlecht?" fragte Leona hochmütig.

„Überhaupt nicht! Bloß . . . ich versteh es nicht! Zieht ihr etwa weg?"

„Nein. Meine Mutter will wieder arbeiten, und ich komme in ein Internat." Leona warf ihr langes Haar in den Nacken. „Nach Rabenstein, falls du schon mal davon gehört hast?"

„Rabenstein? Und ob!" Babsi machte einen kleinen Luftsprung. „Mensch, wie ich dich beneide! In Rabenstein sind auch Jungens!"

„Für Jungens interessiere ich mich überhaupt nicht!"

„Warum gehst du dann nicht einfach ins Stift? Ich meine . . . intera?"

Diese Frage war berechtigt, denn zum Max-Josef-Stift gehört ein Internat, in dem ein Teil der Schülerinnen, die von auswärts kommen oder deren Eltern beide berufstätig sind, wohnen. Die Stiftlerinnen dürfen allerdings jedes Wochenende nach Hause, und das war wohl mit ein Grund, warum Heuers gar nicht auf die Idee gekommen waren, Leona dort hinzugeben. Das aber mochte sie Babsi nicht auf die Nase binden.

„Ich möchte lieber weg", behauptete sie.

„Du hast ja so recht!" Vertraulich hängte Babsi sich bei ihr ein.

Sonst hätte Leona sich dieser Berührung sicher entzogen, aber nun, da sie sich mit ihren Eltern verkracht hatte, tat ihr Babsis Anteilnahme wohl.

„Wenn man mich nur ließe", fuhr Babsi munter fort, „glaub mir, ich würde es genau wie du machen."

„Ja, bist du denn nicht gern zu Hause?" Zum erstenmal interessierte sich Leona für die Probleme der anderen, aber das wurde ihr gar nicht bewußt. „Du hast doch nette Eltern!"

„Nett! Was nutzt mir das schon! Abend für Abend sitzen die bloß vor der Glotze. Vati trinkt sein Bierchen und Mutti ihr Likörchen. Wir sollen uns darüber freuen, daß wir dabeisein dürfen. Schon wenn ich mal ins Kino will, heißt's: ‚Wozu? Wir haben doch das Fernsehen?' Als ob das alles ersetzt?"

Leona war erstaunt, daß Babsi sich Gedanken machte, die sie selber noch nie gehabt hatte. „Ja, was erwartest du denn?"

„Spaß, Abenteuer, Aufregung . . . einfach, daß was passiert!"

„Dann würde ich an deiner Stelle mal 'ne Bombe platzen lassen!"

„Oh, die platzt eines Tages ganz von selber. Spätestens, wenn ich 'nen Freund habe. Vorläufig ist ja noch keiner in Sicht, aber dann! Also wirklich, ich finde es ungeheuer, daß du deine Alten jetzt quitt bist."

„So würde ich das nicht sehen."

„So habe ich es ja auch gar nicht gemeint. Natürlich bleiben sie dir erhalten. Ohne Eltern wär's ja auch nichts. Aber wenn du erst in Rabenstein bist, können sie dir nicht mehr reinreden. Das ist doch einfach spitze!"

Leona konnte Babsis Standpunkt nicht teilen. Aber ein bißchen hatte das Gespräch sie doch getröstet. Bisher war sie sich wie ein armes, verstoßenes Waisenkind vorgekommen. Jetzt auf einmal wurde ihr klar, daß man ihre Situation auch in einem ganz anderen Licht sehen konnte. Babsi fand sie beneidenswert, und nicht nur sie, sondern eine Menge anderer Mädchen, die noch schlechter mit ihren Eltern zurechtkamen, hätten sicher mit ihr tauschen mögen. Das war doch immerhin etwas.

Allmählich begann sogar eine gewisse erwartungsvolle Vorfreude in ihr aufzukeimen. Was die Mutter ihr von Rabenstein erzählt hatte, hatte doch sehr verlockend geklungen: geheiztes Schwimmbad, Tennisplätze, vielleicht sogar Pferde! Nur ihr Stolz verbot ihr, sich genauer zu erkundigen oder um Prospekte zu bitten. Aber das Bild, das sie sich selber von Rabenstein malte, wurde immer schöner.

Dazu kam, daß sie sich jetzt, seit sie sich mit der Mutter nichts mehr zu erzählen wußte, zu Hause zu langweilen begann. Wochenlang zu bocken ist sehr schwierig. Aber Leona war fest entschlossen, es durchzuhalten. Sie wollte, daß Vater und Mutter sich wie hartherzige, lieblose Rabeneltern fühlten. Das war die Strafe, die sie, ihrer Meinung nach, verdient hatten.

Aber ihre eigene Haltung machte ihr das Zuhausesein alles andere als angenehm. Und so kam es, daß sie den Tag herbeizusehnen begann, an dem sie endlich fortkam.

Noch nie waren ihr die Osterferien so lang vorgekommen. Die Ferien wollten und wollten kein Ende nehmen. Aber dann war es plötzlich doch soweit.

Der Abschied vom Vater fiel frostig aus.

„Mach's gut, meine Große", sagte er, „auch wenn's anfangs vielleicht schwierig ist, du wirst dich bestimmt rasch einleben."

Sie schenkte ihm keinen Blick, keinen Kuß, kein Lächeln. „Leb wohl", sagte sie kurz und wandte sich ab.

Die Bahnverbindung nach Rabenstein war ziemlich umständlich. Deshalb fuhr die Mutter sie, auch weil sie großes Gepäck hatte, im Auto hinaus.

Es war ein Sonntagmorgen, der Himmel war, als sie die Dunstkuppel über der großen Stadt erst einmal hinter sich gelassen hatten, strahlend blau. Sie fuhren über die Autobahn in Richtung Salzburg. Bald tauchte die prächtige Kette der Alpen vor ihnen auf, deren höchste Gipfel noch weiß vor Schnee in der Sonne schimmerten.

„Ist das nicht schön?" rief Irene Heuer.

Leona schwieg verbissen. Mit einem Seitenblick stellte die Mutter fest, daß sie die Lippen fest aufeinander gepreßt und das Kinn verschoben hatte.

„Du willst nicht mit mir reden, wie?"

„Ich wüßte nicht, was wir uns noch zu sagen hätten", entgegnete Leona.

„Wie du meinst." Frau Heuer seufzte leicht und stellte das Radio an.

Der Rest der Fahrt verlief schweigend.

Bei Siegsdorf bog Frau Heuer von der Autobahn ab, und Leona hätte gern gefragt, ob sie bald da seien. Aber sie wollte sich keine Blöße geben. Die Straße schlängelte sich bergauf, und sie kamen durch ein Dorf namens Wangen – ein malerisches Fleckchen mit schönen altbayerischen Bauernhäusern, einer Kirche mit Zwiebelturm, einem großen Kaufladen und Wirtshäusern.

Mehr konnte Leona bei der ersten Durchfahrt von dem kleinen Ort nicht erkennen.

Hoch über dem Dorf lag, weithin sichtbar, eine mächtige alte Burg, und Leona wußte, noch ehe sie die Hinweisschilder las: Das ist Rabenstein.

Ihr Herz begann heftig zu klopfen, sie wußte selbst nicht, ob aus Angst oder aus Freude.

Die schwarzrotgoldene und die bayerische Fahne flatterten im Wind; später sollte Leona erfahren, daß sie immer zum Ferienende und an Feiertagen aufgezogen wurden.

Frau Heuer mußte in den zweiten Gang zurückschalten, denn das letzte Stück der Straße war jetzt sehr steil. Nach etwa fünfhundert Metern rollten sie durch ein riesiges Burgtor auf einen holprig gepflasterten Hof.

„Da wären wir!" Frau Heuer schaltete den Motor aus, stieg aus und öffnete den Kofferraum.

Leona nahm ihre Handtasche, Regenmantel und Anorak vom Rücksitz und kletterte auf der anderen Seite hinaus.

Sie war nicht der einzige Ankömmling. Auf dem alten Burghof ging es sehr lebendig zu. Große und kleine Jungen und Mädchen verabschiedeten sich von ihren Eltern und begrüßten lebhaft Freunde und Freundinnen. Eben fuhr ein gelber Bus mit Schülern und Schülerinnen vor.

„Ich glaube, wir lassen den großen Koffer erst mal hier und sehen, wie du untergebracht bist", schlug Frau Heuer vor.

„Danke, das ist nicht nötig", erwiderte Leona kalt.

29

*"So, und jetzt gehe ich, damit du mich
so schnell wie möglich los bist"*

„Wie? Du mußt dich doch nach deinem Zimmer erkundigen!"
„Es ist nicht nötig, daß du mich begleitest", erklärte Leona mit berechnender Grausamkeit, „ich weiß, daß du mich nicht schnell genug loswerden kannst."

„Aber wie kannst du das sagen! Schließlich bin ich ja immerhin noch deine Mutter!"

„Ja, das bist du!" Leonas Ton war bewußt verletzend. Sie wuchtete den Koffer aus dem Gepäckraum. Obwohl sie dabei rot vor Anstrengung wurde, ließ sie sich nicht helfen.

„Liebling, bitte, können wir nicht im Guten Abschied nehmen?"

„Im Guten?" Leona ließ den Koffer fallen und blickte ihre Mutter aus zornblitzenden Augen an. „Nach allem, was du mir angetan hast? Hau ab, sage ich dir! Hau endlich ab! Ich kann dich nicht mehr sehen!"

Ohne ein weiteres Wort setzte Frau Heuer sich wieder ans Steuer, ließ den Motor an, setzte zurück, wendete und verschwand durch das Burgtor aus Leonas Blickfeld.

Mit einemmal fühlte sie sich unter all den vielen Menschen sehr verlassen. Die Tränen schossen ihr in die Augen, aber sie wollte sich nicht unterkriegen lassen. Entschlossen griff sie zu ihrem Gepäck und versuchte es − mit der rechten Hand den schweren Koffer, in der linken eine Reisetasche, ihre Handtasche am langen Riemen über der Schulter, Mantel und Anorak über dem Arm −, auf das Hauptgebäude zuzuschleppen.

Ein Junge in ihrem Alter, blond und sommersprossig, pflanzte sich vor ihr auf. „Sportlich, sportlich!" witzelte er und zeigte beim Lächeln spitze Eckzähne. „Hast wohl deine Hanteln mitgebracht, wie?"

„Grins nicht so blöd", fuhr Leona ihn an, „hilf mir lieber!"

Ein schwerer Anfang

Sie merkte selber, daß sie den Ton verfehlt hatte. Es war falsch, einen wildfremden Jungen, von dem sie noch dazu Hilfe erwartete, so grob anzufahren.

Aber er schien sich gar nichts daraus zu machen; sein Grinsen wurde eher noch breiter. „Ei sieh mal einer guck! Wie hätten wir's denn gern?"

„Du siehst doch, wie ich mich abplage!" Leona bemühte sich krampfhaft nett zu sein. „Bitte, kannst du mir nicht den Koffer auf mein Zimmer tragen?"

„Und wo wohnst du?"

„Das weiß ich noch nicht! Ich bin eben erst gekommen."

„Mach dir nichts draus!" Die Augen des Jungen funkelten. „Onkel Klaus wird das schon ritzen."

„Onkel Klaus . . . wer ist das?"

„Wer schon?" Der Junge tippte sich auf die Brust. „Ich natürlich!"

Beinahe hätte Leona gefragt, wessen Onkel er denn sei, aber gerade noch rechtzeitig begriff sie, daß er sich mit dieser Bezeichnung nur aufwerten wollte. „Ich heiße Leona", sagte sie.

„Na, dann komm!" Klaus nahm Leona den schweren Koffer ab und hievte ihn sich auf die Schulter.

Erleichtert folgte sie ihm mit dem anderen Gepäck.

Erst als er schon die Tür zu einem langgestreckten, zweistöckigen Nebengebäude öffnete, das längst nicht so alt war wie die Burg selber, kam ihre Frage: „Wo muß ich denn hin?"

„Wirst du schon sehen." Er führte sie eine Treppe hinauf.

Jungen liefen an ihnen vorbei, hinauf und hinunter, musterten Leona, lachten und stießen sich gegenseitig an. Leona, die den Umgang mit Jungen nicht gewohnt war, wurde unsicher.

Um sich nichts anmerken zu lassen, trug sie den Kopf hocherhoben.

Klaus stellte den Koffer ab, stieß eine Tür auf und schob den Koffer hinein. „So, da wären wir!"

Arglos folgte ihm Leona. Ein großes hübsches Eckzimmer nahm sie auf, in dem ein großer Junge damit beschäftigt war, Kleidungsstücke in einem Schrank zu verstauen. Leona traute ihren Augen nicht.

„Hei, Helmer!" rief Klaus vergnügt. „Sieh mal, wen ich dir da bringe . . . eine neue Stubengenossin!"

Helmer richtete sich langsam auf. Er sah sehr gut aus, hatte schwarzes, leicht gelocktes Haar und sehr dunkelblaue Augen.

„Herzlich willkommen", sagte er ersthaft, „das linke Bett ist frei, das kannst du nehmen."

Jetzt endlich fand Leona die Sprache wieder. „Aber ich kann doch nicht hier bei dir schlafen?" platzte sie heraus.

„Warum denn nicht?" Klaus schüttelte sich vor Lachen. „Du hörst doch, du bekommst ein eigenes Bett."

Wie durch ein Wunder füllte sich das Zimmer in Sekundenschnelle mit Jungen jeden Alters, und alle schrien durcheinander. „Eine Neue! Eine Neue!" brüllten sie und: „Wie kommt denn solch ein Glanz in unsere Hütte!" – „Wenn du dich langweilst, komm zu mir! Ich wohne gleich gegenüber!" – „Nein, zu mir!" – „Zu mir!"

Völlig hilflos stand Leona inmitten der johlenden Horde und wußte nicht, wie ihr geschah. „Bitte, bitte, laßt mich doch wenigstens in Ruhe auspacken", stammelte sie.

Das Gelächter, das dieser Bemerkung folgte, war unbeschreiblich. Einige Jungen mußten sich die Tränen aus den Augen wischen, und selbst Helmer lächelte jetzt.

Leona wurde wütend. „Was habe ich denn Komisches gesagt?" schrie sie in den Lärm hinein.

Plötzlich wurde es ruhig.

Eine junge, aber doch schon männliche Stimme fragte von der Tür her: „Wer hat die Neue hierhergebracht?"

Leona drehte sich um und sah sich einem großen, etwa achtzehnjährigen Jungen gegenüber. Er wirkte sehr sportlich und sehr selbstbewußt. Die Frühjahrssonne hatte sein blondes Haar gebleicht und seine Haut gebräunt.

Sie faßte sofort Vertrauen zu ihm. „Klaus war's", sagte sie und zeigte mit dem Finger auf den Jungen mit den frechen Eckzähnen.

„Hätte ich mir denken können. Dann hast du das Vergnügen, ihren Koffer wieder runter und zum Haupthaus zu tragen."

Klaus war gar nicht geknickt. „Wird gemacht, Andy", sagte er fröhlich, „das war mir der Spaß wert." Ohne mit der Wimper zu zucken, nahm er Leonas Koffer und trat den Rückzug an.

Leona begriff, daß er sie aufgezogen hatte. Sie ärgerte sich furchtbar über ihn, fast mehr aber noch über sich selber. Wie hatte sie so dumm sein können, auch nur eine Sekunde zu glauben, daß Jungen und Mädchen unter einem Dach untergebracht sein könnten! Schon in der Haustür, als sie den ersten sah, hätte sie sich auf der Stelle umdrehen müssen.

Jetzt verfolgte sie das Gelächter der Jungen die Treppe hinunter. Sie fühlte sich gedemütigt.

„Nimm's nicht tragisch!" Klaus blickte sie aus den Augenwinkeln an. „Ein alter Rabensteiner Spaß. Du bist nicht die erste, die darauf hereingefallen ist.

Aber Leona war viel zu wütend, um auf diesen Versöhnungsversuch einzugehen.

Klaus schleppte ihren Koffer über den mit Kopfsteinen gepflasterten Burghof, eine breite steinerne Rampe hinauf und in eine riesige Halle mit bunten Glasfenstern. Am Fuß einer geschwungenen hölzernen Treppe stellte er den Koffer mit einem Seufzer der Erleichterung ab.

„Rauf darf ich nicht", erklärte er, „da wohnen die Mädchen." Er lächelte sie friedfertig an. „Also, mach's gut, Leona!"

Am liebsten hätte sie ihm in das vergnügte sommersprossige Gesicht geschlagen. Er zuckte die Achseln und sprang davon.

Es dauerte nicht lange, bis sie bedauerte, daß sie ihn hatte laufenlassen. Jetzt stand sie mitten in der Halle, von der eine Menge Türen ausgingen, und wußte wieder nicht, wohin sie sich wenden sollte, während um sie herum ein lebhaftes Hin und Her im Gange war. Jungen und Mädchen eilten kreuz und quer, und jeder schien jeden zu kennen.

Leona wußte nicht, wie lange sie so dagestanden hatte – es kam ihr unendlich vor, vielleicht waren es aber auch nur Minuten gewesen –, als ein großes Mädchen, das gerade an ihr vorbeiwollte, stutzte.

34

„Was stehst du denn da rum? Vorhin habe ich dich doch auch schon gesehen!"

„Ich bin neu hier!"

„Na dann ... herzlichen Glückwunsch!" sagte die andere sarkastisch.

„Ist es nicht nett hier?" fragte Leona.

„Darüber kann man geteilter Meinung sein." Die andere zog ihren engen rosa Pulli herunter, so daß ihr gut entwickelter Busen noch besser zur Geltung kam. „Ich find es jedenfalls grauenhaft." Sie musterte Leona aus babyblauen Augen. „Aber du bist ja wohl ein anderer Typ." Sie schlenderte davon.

„Hör mal!" rief Leona ihr nach.

Das große Mädchen blieb stehen. „Ist was?"

„Was soll ich denn jetzt tun?"

„Tun?"

„Ich weiß nicht, wo ich hin muß und ...", sie wies auf ihren schweren Koffer.

„Den läßt du einfach stehen. Geklaut wird nicht, und schon gar nicht so ein Trumm. Dann gehst du da vorn den Gang entlang. Links ist die Anmeldung."

Leona machte sich, etwas unsicher, auf den Weg.

„Na schön, ich will mal nicht so sein", sagte die andere gnädig, „ich zeig's dir!"

Nebeneinander gingen die beiden Mädchen weiter.

„Ich heiße übrigens Ilse Moll. Und du?"

Leona nannte ihren Namen.

„Bist du freiwillig hier?"

Leona schüttelte den Kopf.

„Ich auch nicht. Meine Eltern bilden sich ein, der Aufenthalt im Landschulheim würde sich positiv auf meine Schulleistungen auswirken." Ilse hatte bewußt affektiert gesprochen. „Ich bin nämlich im Herbst das zweite Mal sitzengeblieben", erklärte sie dann mit natürlicher Stimme und lachte.

„Und das macht dir gar nichts aus?"

„Ach woher denn." Ilse tastete mit der Hand an ihren wohl-frisierten Lockenkopf, um festzustellen, ob die Haare noch richtig saßen. „Ich sage immer, wozu braucht ein Mädchen den ganzen Quatsch zu lernen. Mathematik, Physik, Geographie . . . das ist doch Wahnsinn. Um sich einen netten, gut verdienenden Mann zu angeln, braucht man ganz andere Qualitäten."

„Du willst also heiraten?"

„Wer denn nicht?"

„Und wenn es nicht klappt?"

„Laß mich nur machen. Wenn ich nicht den Besten kriegen kann, nehme ich den Zweitbesten. Man muß sich arrangieren."

Leona staunte.

Sie hatten einen breiten und sehr hohen Gang erreicht, an dessen linker Seite dunkelbraun gestrichene Türen lagen, an der anderen Fenster mit Spitzbogen, durch die man einen wunder-vollen Blick auf die Alpen hatte.

Vor einer Tür mit dem Emailleschild „Sekretariat" blieb Ilse stehen. „Da gehst du jetzt rein. Alles Weitere wird Pauline schon klären."

„Die Sekretärin?"

Ilse lachte. „Die Frau vom Direktor. Eigentlich heißt sie auch gar nicht Pauline, sondern Helga. Helga Eulau. Aber weil er Paul heißt, nennen wir sie Paulinchen."

Leona errötete vor Schreck bei der Vorstellung, daß sie ohne diese Erklärung die Frau des Direktors womöglich als „Fräulein Pauline" angesprochen hätte. „Nett, daß du mir das sagst!"

„Ich bin überhaupt nett", erklärte Ilse selbstgefällig, „du wirst schon sehen." Und sie stolzierte davon.

Leona klopfte an.

Frau Direktor Eulau saß hinter einem überraschend modernen Schreibtisch, eine schlanke, fast hagere Frau mit weißem, kurz-geschnittenem Haar und durchdringenden Augen. Sie trug ein beigefarbenes Twinset, und als sie aufstand, um Leona zu begrüßen, sah das Mädchen, daß der Tweedrock im Ton genau darauf abgestimmt war.

„Du bist also Leona!" sagte Frau Eulau herzlich.

„Woher wissen Sie?" Leona war verblüfft.

Frau Eulau lachte. „Gar keine Hexerei! Wir haben jetzt mitten im Schuljahr nur zwei Neuzugänge ... und der andere ist ein Junge!"

Leona ärgerte sich über ihre dumme Frage. Widerstrebend nahm sie die Hand, die Frau Eulau ihr bot.

„Herzlich willkommen auf Rabenstein, Leona! Deine Personalien habe ich schon aufgenommen, damit brauchen wir uns also gar nicht aufzuhalten. Du willst sicher gleich auf dein Zimmer gehen?"

„Ja, bitte!" Leonas Stimme klang gepreßt.

„Nummero siebzehn."

Leona wollte sich schon umdrehen und gehen.

„Nicht so hastig! Du weißt doch gar nicht, wie du dort hinkommst. Oder hast du dich schon orientiert?"

Leona schüttelte den Kopf.

„Na, siehst du! Paß auf, du gehst jetzt nicht in die Halle zurück, Leona, sondern weiter den Spitzbogengang entlang. Ganz hinten, kurz vor dem Speisesaal, führt eine schmale Treppe nach oben."

„Ich habe noch einen schweren Koffer in der Halle stehen."

„Den werden dir deine Freundinnen nach oben tragen helfen."

„Aber ich habe keine Freundinnen!" platzte Leona heraus und den Kopf in den Nacken werfend hinzu: „Und ich will auch gar keine haben!"

Frau Eulau ließ sich nicht aus der Ruhe bringen. „Dann bringst du eben zuerst deine Reisetasche nach oben, leerst sie und füllst einen Teil des Kofferinhaltes hinein. Mit beiden

Händen trägt's sich leichter. Notfalls kannst du ja auch zweimal gehen."

„Gibt's denn hier keinen Hausdiener?" fragte Leona herausfordernd.

„Aber ja. Nur ist der nicht da, euch oder uns zu bedienen, sondern er hilft unserem Hausmeister, Herrn Kast, die Gebäude in Ordnung zu halten." Frau Eulau legte Leona die Hand auf die Schulter. „Du wirst dich schon bei uns wohl fühlen, Leona!"

„Bestimmt nicht!" behauptete Leona und schüttelte die freundliche Hand mit einer raschen Drehung ab; aber es war ihr bei der eigenen Frechheit doch nicht ganz wohl zumute.

Frau Eulau verzog keine Miene. „Nein, ich bin dir nicht böse, Leona, ich verstehe zu gut, was in dir vorgeht. Gerade für ein Einzelkind ist es besonders schwer . . ."

„Nichts verstehen Sie, gar nichts!" Mit abgewandtem Gesicht, ihre Taschen, Mantel und Anorak fest an sich gepreßt, stürmte Leona zur Tür. „Sie haben ja keine Ahnung!"

Frau Eulau machte keinen Versuch, sie aufzuhalten. „Zimmer siebzehn!" rief sie ihr nach. Und wenn du irgendwelche Probleme hast . . ."

Mehr hörte Leona nicht; sie rannte, blind vor Tränen, den Gang entlang.

Fünf Minuten später öffnete Leona mit fest zusammengepreßten Lippen die braun gestrichene Holztür, auf die mit grüner Ölfarbe eine verschnörkelte „17" gepinselt war. Zum Glück war der Weg auf der Wendeltreppe lang genug gewesen, daß sie sich hatte fassen, die Augen trocknen und die Nase putzen können.

Aber lange hielt die mühsam errungene Sicherheit nicht an. Als sie die Tür aufgemacht hatte, sah sie sich zwei Mädchen gegenüber, die mit baumelnden Beinen auf dem einfachen

Tisch in der Mitte des Zimmers saßen und sich offensichtlich bis zu Leonas Eintritt lebhaft unterhalten hatten.

„He, kannst du denn nicht anklopfen?" rief die eine, ein braunäugiges, jungenhaft wirkendes Mädchen mit kurzgeschnittenem Haar.

„Wieso anklopfen? Ich wohne hier!"

„Schreck laß nach! Du bist die Neue!" Die Kleine ließ sich vom Tisch rutschen. „Nichtsdestotrotz... herzlich willkommen auf Rabenstein."

Leona nahm die ihr dargebotene Hand, als wenn sie eine Kröte berühren müßte, und ließ sie gleich wieder los. „Wenn ihr jetzt, bitte, so freundlich sein würdet, das Zimmer zu räumen!"

„Aber wieso denn? Wir wohnen auch hier!"

„Ihr beide?" rief Leona entsetzt.

„Na klar doch, das ist ein Dreierzimmer!"

Leona war blaß geworden. „Nein", sagte sie mühsam, „das mache ich nicht mit. Das kann man mir nicht zumuten."

Jetzt ließ sich das andere Mädchen, das sich nicht vom Platz gerührt und bisher noch kein Wort gesagt hatte, mit sanfter Stimme vernehmen: „Nimm's nicht tragisch. Du wirst sehen, wir werden uns schon alle drei verstehen." Sie war sehr hübsch, grünäugig, mit langem rotblondem Haar und auffallend klarer Haut.

„Niemals!"

„Sabine hat ganz recht, wir sind sehr verträgliche Leute", sagte die Jungenhafte beruhigend, „ich heiße übrigens Alma... alberner Name, was? Alle nennen mich Amsi."

Leona war völlig verstört. „Nein", sagte sie, „nein! Zu Hause habe ich ein Zimmer ganz für mich allein..."

„Meinst du ich nicht?" fiel Alma ihr ins Wort.

„Und wie schäbig alles hier ist!" Schaudernd sah Leona sich um; der Tisch, die Stühle, die Schränke und auch die

39

Bettgestelle wirkten abgenutzt, als hätten sie schon mindestens hundert Jahre ihren Dienst verrichtet.

„Was macht das schon?" fragte Alma munter. „Man braucht nicht dauernd Angst zu haben, daß es Kratzer gibt oder daß ein Farbtopf umfällt. Hier läßt sich leben. Und Poster dürfen wir auch anmachen. Hast du eins mitgebracht?"

Tatsächlich entdeckte Leona jetzt über dem einen Bett ein Poster von David Cassidy.

„Ein irrer süßer Typ, findest du nicht auch?" fragte Alma. „Sabine hat einen anderen Geschmack."

„Wenn ich die Berge mal satt habe, begucke ich mir mein Venedig", erklärte Sabine; ihr Poster, ein Sonnenunter- oder -aufgang in Venedig, war ganz in blauen und roten Tönen gehalten und wirkte ziemlich melancholisch.

„Aber die Aussicht aus unserem Fenster ist das Allerschönste!" Mit einem kräftigen Ruck öffnete Alma das ziemlich kleine Fenster und stieß, etwas sanfter, Leona dorthin.

Aber Leona wehrte sich, sie wollte die Alpengipfel und den grünen ansteigenden Hang bis zur mittleren Höhe, im Winter ein ideales Skigelände, nicht bewundern. „Laß mich!" fauchte sie. „Ihr könnt mir eure schäbige Bude nicht schmackhaft machen!"

Alma stemmte die Hände in die Hüften und lachte. „Hast du gehört, Bine? Schäbige Bude hat sie gesagt, und das zu unserer Burgkemenate!"

„Mir hat es anfangs auch nicht gefallen", gab Sabine zu, „aber dann habe ich mich eingewöhnt. So wird's dir auch gehen."

„Aber ich will mich nicht gewöhnen ... nicht an diese Rumpelkammer und schon gar nicht an euch!"

„Jetzt langt's aber!" Alma trat dicht auf Leona zu. „Die Wegner hat uns schon gesagt, daß du ein bißchen spinnst ... aber was zuviel ist, ist zuviel ..."

„Wer hat was von mir gesagt?" fragte Leona entgeistert.

„Aber ich will mich nicht eingewöhnen, und schon gar nicht in dieser Rumpelkammer", erklärte Leona bockig

„Jetzt laß mich erst mal ausreden!" schrie Alma. „Bildest du dir ein, es macht uns etwa Spaß, daß sie dich in unser Zimmer drücken wollen? Meinst du, wir wären auch nicht lieber zu zweien geblieben?!"

„Das könnt ihr haben . . . von mir aus sofort!"

„Seit über einem Jahr leben wir hier jetzt friedlich zusammen und hatten gehofft . . ."

„Still, Amsi, reg dich ab, bitte!" sagte Sabine, nicht einmal laut, aber so eindringlich, daß es sofort wirkte. „Du weißt, dies hier ist ein Dreierzimmer, ist immer ein Dreierzimmer gewesen, und wir hatten nur Glück, daß wir ein Jahr allein

41

waren. Und jetzt hör du mal zu ... Leona heißt du, nicht wahr? Es gibt auf Rabenstein auch Einser- und Zweierzimmer. Wenn du also auf keinen Fall hierbleiben willst ..."

„Das habe ich doch wohl deutlich genug zum Ausdruck gebracht!"

Sabine ließ sich nicht unterbrechen, „ ... dann wende dich an Frau Wegner, Tina Wegner."

„Die, die gesagt hat, daß ich spinne?"

„Hat sie ja gar nicht. Sie hat nur angedeutet, daß du möglicherweise schwierig sein könntest."

„Und bist du das etwa nicht?" fragte Alma.

„Hör auf zu streiten, dabei kommt nie etwas heraus!" mahnte Sabine.

„Aber es macht Spaß!" Alma grinste.

„Frau Wegner", erklärte Sabine geduldig, „ist Sportlehrerin für Mädchen und unsere Gruppenleiterin. Sie wohnt auf dem gleichen Gang wie wir. Zimmer eins. Sprich mal mit ihr!"

„Worauf ihr euch verlassen könnt!" Leona wandte sich zur Tür.

„Deinen Krempel kannst du hierlassen!" bot Alma ihr an.

Aber Leona ging auf das Angebot nicht ein. Sie war entschlossen, Alma und Sabine so bald nicht wiederzusehen.

Bin ich wirklich schön?

„Herein", ertönte eine dunkle Frauenstimme aus dem Innern von Zimmer eins — hier war die Zahl zur Abwechslung rot gepinselt.

Leona, die angeklopft hatte, folgte der Aufforderung.

„Ist das nicht ein herrlicher Tag?" Frau Wegner, eine junge schlanke Frau, saß mit angezogenen Knien auf der mindestens einen Meter breiten Brüstung ihres Fensters und blickte träumerisch hinaus. Sie trug Tennisschuhe, engsitzende Jeans und hatte das honigblonde Haar im Nacken mit einer Spange zusammengefaßt.

„Das interessiert mich nicht!" schrie Leona.

Jetzt erst wandte Frau Wegner sich vom Fenster ab. „Ach, du bist es, Leona!" sagte sie, nur wenig erstaunt.

Leona selber war nicht mehr überrascht, daß ein ihr völlig unbekannter Mensch sie beim Namen nannte; sie hatte begriffen, daß man in Rabenstein, jedenfalls in einem kleinen Kreis, auf ihr Kommen vorbereitet war.

„Ja, ich!" gab sie trotzig zurück. „Wenn Sie nichts dagegen haben!"

„Warum sollte ich?" Geschmeidig schwang sich die Erzieherin aus ihrer Fensterhöhle, durchquerte anmutig wie eine Ballerina den Raum und nahm auf einem schönen alten Biedermeiersofa Platz.

„Komm, leg dein Zeug ab und setz dich zu mir. Erzähl mir, was du auf dem Herzen hast."

Aber Leona blieb stocksteif stehen. „Ich will nicht auf Zimmer siebzehn!" schrie sie und stampfte mit dem Fuß auf.

„Ich würde dich besser verstehen, wenn du leiser und in einem anderen Ton mit mir reden würdest!" Frau Wegner verschränkte die Hände im Nacken und bog die Ellbogen vor und zurück.

„Ich mag nicht auf Nummero siebzehn!" wiederholte Leona etwas ruhiger.

„Und warum nicht? Sabine und Alma sind zwei besonders nette Mädchen, und außerdem gehen sie in die gleiche Klasse wie du. Ich habe sie ausgesucht, weil ich hoffte, daß du dich mit ihnen verstehen würdest."

„Ich will überhaupt nicht auf ein Dreierzimmer! Ich will lieber allein bleiben!"

Frau Wegner ließ die Arme sinken. „Leider unmöglich, Leona."

„Aber warum? Warum? Die anderen sagen, es gibt Einser- und Zweierzimmer! Wollen Sie etwa behaupten . . ."

„Bitte, Leona!"

„. . . ausgerechnet für mich wäre keins frei?"

„Nein. Die Dinge stehen anders." Frau Wegner blickte Leona fast mitleidig an.

„Wie denn? Wollen Sie mir nicht erklären . . ."

„Doch. Ich glaube, es wird das beste sein." Sie seufzte leicht. „Du bist auf ausdrücklichen Wunsch deiner Eltern in einem Dreierzimmer untergebracht."

„Was!?"

„So ist es, Leona!"

„Nicht genug, daß sie mich abschieben . . . sie verlangen auch noch . . ." Leonas Stimme brach. „. . . das ist der Gipfel!"

„Nimm's nicht tragisch, Leona, sie meinen es bestimmt nur gut mit dir. Glaub mir, ich würde dir ja helfen, wenn ich könnte."

Leona war so erschüttert, daß sie nicht mehr die Kraft hatte aufzubegehren. Sie ließ sich in einen der bunt bezogenen Biedermeiersessel sinken und ihre Taschen, Anorak und Mantel endlich auf den Boden sinken. Flehend blickte sie Frau Wegner an. „Gibt es denn gar keine Möglichkeit?"

Frau Wegner schüttelte den Kopf. „Du könntest natürlich deinen Eltern schreiben", schlug sie nach einigem Nachdenken vor, „oder, vielleicht noch besser, zu Hause anrufen."

Leona ließ sich den Vorschlag durch den Kopf gehen. Zwar waren Vater und Mutter sehr hart gewesen, als es darum ging, sie ins Landschulheim zu schicken. Vielleicht würden sie jetzt, da sie ihren Willen durchgesetzt hatten, großzügiger sein. Aber nein, sie wollte nicht bitten und betteln müssen für etwas, das sie als ihr gutes Recht ansah.

„Nein", erklärte sie mit fester Stimme, „danke! Lieber steh ich es durch."

„Das gefällt mir an dir, Leona."

Tina Wegners Sympathie war ein schwacher Trost, aber immerhin ein Trost.

Leona sammelte ihre sieben Sachen zusammen und stand auf. „Dann muß ich ja wohl . . ."

„Es wird dir schon bei uns gefallen, Leona, und Sabine und Alma sind . . ."

„. . . besonders nette Mädchen, ich weiß", fiel Leona der Erzieherin ins Wort, „und wenn es Streit gibt, dann liegt es bestimmt nicht an ihnen."

Aber es gab keinen Streit, wenigstens vorläufig nicht.

Sabine und Alma empfingen Leona ohne Spott und ohne Mitleid, ganz so, als hätte ihr hochmütiger Abgang von vorhin gar nicht stattgefunden. Sie zeigten ihr das Bett, ihren Schrank und den Waschraum, der am Ende des Ganges lag.

Leona selber hatte das Gefühl, daß sie ihnen eine Erklärung schuldig war. „Meine Eltern wollen, daß ich in einem Dreierzimmer wohne", sagte sie, ohne eine der beiden anzusehen.

„Mach dir nichts draus", riet Alma ungerührt, „wir werden uns schon vertragen."

„Ist das dein ganzes Gepäck?" fragte Sabine mit einem Blick auf Leonas Reisetasche.

Leona erzählte, daß sie ihren großen Koffer in der Halle hatte stehenlassen. Und als die beiden sich erboten, ihn heraufzuholen, war sie doch nicht bockig genug, das auszuschlagen. Als sie dann tatsächlich mit dem schweren Stück angeschleppt kamen, mußte Leona sich wohl oder übel bedanken – und sie fühlte sich ihnen gegenüber sogar dankbar, dankbar und ein bißchen beschämt.

45

So war der Burgfrieden denn fürs erste hergestellt.

Leona war noch nicht fertig mit dem Auspacken und Einräumen, als eine Turmglocke zu läuten begann.

„Mittagessen", erklärten Alma und Sabine, „laß alles liegen und stehen ... wer zu spät kommt, kriegt einen schlechten Punkt!"

Leona folgte den beiden und fragte, als sie auf die Wendeltreppe zuliefen, was es mit den schlechten Punkten auf sich hatte.

„Normalerweise dürfen wir zweimal im Monat am Wochenende nach Hause oder sonstwohin ... aber wer fünf schlechte Punkte zusammenkriegt, muß dableiben!"

„Das würde mir nichts ausmachen", behauptete Leona von oben herab, „ich lege keinen Wert darauf, nach Hause zu fahren."

„Du bist jetzt wütend auf deine Eltern", sagte Sabine, „das kann ich verstehen, aber warte nur ab: So schön es hier ist, hin und wieder fällt einem die Decke doch auf den Kopf und man möchte raus."

„Außerdem braucht man ja auch gar nicht zu seinen Eltern zu fahren!" erklärte Alma. „Ich begleite meistens Sabine, und das ist auch sehr schön!"

Sabine drückte der Freundin liebevoll den Arm.

„Und wofür kriegt man schlechte Punkte?" erkundigte sich Leona. „Nur fürs Zuspätkommen?"

„Hast du 'ne Ahnung! Für alles mögliche ... Unordnung, Lärm, Frechheit...", sagte Sabine.

„Und auch für schlechte Noten", fügte Alma hinzu, „dann muß man am Heimfahrwochenende nämlich büffeln."

Der Speisesaal war ein riesiger, sehr hoher Raum, der mit seiner Täfelung aus altersdunklem Holz und den bunt verglasten Spitzbogenfenstern an das Innere einer Kirche erinnerte. Nur die langen, mit blauem Kunststoff beschichteten Tische und die modernen Stühle paßten nicht ins Bild.

Leona wollte sich ihren Zimmergenossinnen anschließen, aber die erklärten ihr, daß man sich nicht hinsetzen konnte, wo man wollte, sondern daß es eine Tischordnung gäbe.

„Geh zu Pauline und frag, wo du hingehörst!"

Es stellte sich dann aber heraus, daß Leona doch an den gleichen Tisch kam wie die Freundinnen. Den Vorsitz führte Tina Wegner, und außer ein paar kleineren und größeren Mädchen erkannte Leona auch Klaus in der Runde. Sie wurde rot, als sie ihn sah, und er zeigte grinsend seine frechen Eckzähne. Außerdem gab es noch einen kräftigen, rothaarigen Jungen, der Jochen Schmitz hieß, und einen sehr gut aussehenden Achtzehnjährigen namens Andreas München.

Man saß in gemischter Reihe, Leona zwischen Andreas, der sie gar nicht beachtete, und Klaus. Ihr gegenüber hatte ein blonder Junge seinen Platz, mindestens fünfzehn Jahre alt, der immer wieder zu ihr hinschaute und ihr auch einmal den Salzstreuer anbot. Die anderen nannten ihn Kurt oder Kuddel.

Während des Essens unterhielten sich die jungen Leute halblaut, aber sehr lebhaft über Themen, von denen Leona nichts verstand. Alles drehte sich um das Leben auf Rabenstein. Sie hätte sicher auch dann nicht mitgeredet, wenn sie etwas zu sagen gehabt hätte. Das ungewohnte Zusammensein mit so vielen Jungen machte sie schüchtern.

Insgeheim hoffte sie, der gut aussehende Andreas würde einmal das Wort an sie richten. Aber er beachtete sie überhaupt nicht, sie nicht und kein anderes der Mädchen, sondern wenn er sprach, dann immer nur mit Jochen Schmitz und Tina Wegner.

Obwohl sich Leona isoliert fühlte, bekam sie doch zum erstenmal eine Ahnung, daß es Spaß machen würde, eine richtige Rabensteinerin zu werden.

Als sie aufstanden, unterhielten Alma und Sabine sich noch mit einem anderen Mädchen.

Leona wußte nicht, wie es geschehen war, aber sie fand sich plötzlich an der Seite des blonden Jungen von der anderen Seite des Tisches.

„Du bist neu hier, nicht?" leitete er, nicht eben originell das Gespräch ein. „Ich heiße Kurt Büsing... du kannst aber auch Kuddel zu mir sagen."

„Das habe ich schon mitgekriegt."

„Du bist eine gute Beobachterin."

„Halb so wild."

„Sag das nicht. Das ist mir schon beim Essen aufgefallen. Du bist sicher intelligent... gut in der Schule."

„Und das imponiert dir?"

Kurt lächelte. „Nein, gar nicht. Nicht deswegen habe ich dich dauernd ansehen müssen..."

Leona konnte, zu ihrem großen Ärger, nicht verhindern, daß sie rot wurde. Trotzdem fragte sie: „Warum denn sonst?"

„Weil du so hübsch bist!"

Leona schnappte nach Luft. „Jetzt mach aber mal einen Punkt! Zugegeben, ich bin nicht ausgesprochen mies, aber bestimmt nicht hübscher als..."

„Du bist anders", erklärte Kurt mit großem Ernst, „und mir gefällst du eben besser."

Was konnte man dazu sagen? Leona jedenfalls fiel nichts ein. Sie fühlte sich geschmeichelt.

Kurt begleitete sie bis zum Fuß der Wendeltreppe. „Leider darf ich nicht mit rauf", sagte er und lehnte sich lässig an das Geländer. „Kennst du dich schon auf dem Gelände aus? Nein? Dann darf ich dich vielleicht rumführen?"

„Ich weiß nicht", sagte Leona unsicher.

„Was heißt das? Du mußt doch wissen... oder hast du etwa noch ein Eisen im Feuer?"

„Nein, bloß . . .", Leona scharrte mit der Schuhspitze, „. . . ich bin heute schon mal reingelegt worden."

Darüber wußte Kurt natürlich Bescheid. „Seh ich so aus wie Klaus Voss?"

„Nein", mußte Leona zugeben.

„Na also. Der versteht doch nichts von Mädchen . . . der ist bloß ein Kindskopf, ein Hanswurst. Ich würde niemals ein Mädchen reinlegen, über das Alter bin ich längst hinaus."

„Ja, ist es denn erlaubt, daß du und ich . . . ein Mädchen und ein Junge?"

„Na klar! Die sind hier sehr großzügig! Außer in den Schlafräumen dürfen wir überall zusammen sein . . . spitze, was? Also . . . wann zischen wir los?"

„Ich muß noch auspacken."

„Eilt ja gar nicht. Laß dir Zeit. Sagen wir . . . um fünf?"

Leona stimmte zu, denn sie sah keinen Grund abzulehnen.

„Also dann . . . um fünf Uhr an der großen Eiche. Die kannst du nicht verfehlen!"

Im Verlauf der nächsten Stunde war Leona mehr als einmal nahe daran, Alma und Sabine nach Kurt Büsing zu fragen und sich über ihn zu erkundigen, ob es überhaupt ratsam war, in Gesellschaft eines Jungen herumzulaufen.

Aber dann fragte sie doch nicht, weil ihr die eigene Unsicherheit albern vorkam. Sie wollte nicht riskieren, von den beiden, die bestimmt viel geübter im Umgang mit Jungen waren, ausgelacht zu werden. So beteiligte sie sich nur kurz angebunden an ihrem Geplauder, sagte ja oder nein, wenn sie angesprochen wurde, und hing ansonsten ihren eigenen Gedanken nach.

Als die Freundinnen das Zimmer in Ordnung gebracht hatten, schlugen sie vor, spazierenzugehen. „Es ist so schönes Wetter!" sagte Sabine. „Kommst du mit?"

Leona überlegte.

„Oder hast du was Besseres vor?" fragte Alma.

„Ich schreibe lieber einen Brief."

„Wie du willst."

Die beiden gingen zur Tür.

„Um halb vier wird zum Kaffee geläutet", erklärte Sabine und kam noch einmal zurück, „aber du mußt nicht runtergehen, wenn du nicht willst. Teilnahme am Sonntagsnachmittagskaffee ist nicht Pflicht."

„Es gibt Kakao, Milch und Kuchen", fügte Alma hinzu, „alltags Milch und Marmeladenbrote."

„Ich weiß noch nicht, was ich tue", sagte Leona wahrheitsgemäß.

Nachher wäre sie gern hinuntergegangen, denn sie wußte allein nichts mit sich anzufangen.

Sie hatte zwar wirklich einen Brief geschrieben, an Babsi, denn außer ihr kannte sie niemanden, der sich für ihre Erlebnisse interessieren konnte – abgesehen von den Eltern, und die wollte sie zappeln lassen. Aber damit war sie in einer knappen Stunde fertig.

Danach schwang sie sich, wie sie es von Frau Wegner gesehen hatte, auf die breite Fensterbank, schlang die Hände um die Knie und blickte hinaus. Schön war sie schon, diese Aussicht auf den mächtigen Berg, aber nicht eben unterhaltend. Nach kurzer Zeit fand Leona es interessanter, sich mit ihrem eigenen Spiegelbild zu beschäftigen.

War sie wirklich so hübsch, wie Kurt Büsing behauptet hatte? Sie selber fand sich eher ein bißchen fad mit der blassen Haut, dem hellen blonden Haar und den grauen Augen, deren Ausdruck sich verstärkte, indem sie sie schwarz zu tuschen pflegte. Jetzt zog sie mit dem Stift die hellen Augenbrauen sorgfältig nach, legte Rot auf die Wangen und Rot auf die Lippen – ja, so gefiel sie sich schon besser.

Leona trat einen Schritt zurück und drehte sich vor dem Spiegel. Sie war sehr schlank und wußte, daß manche Mädchen sie darum beneideten. Aber sie fand es einen Jammer, daß so gar keine weiblichen Formen sich abzeichnen wollten.

Die Glocke läutete, und Leona entschloß sich hinunterzugehen. Zwar hatte sie keinen Hunger, aber es konnte nichts schaden, sich in voller Schönheit blicken zu lassen.

Leider nutzte es aber auch nichts. Beim Nachmittagskaffee gab es keine Sitzordnung, sondern jeder holte sich sein Getränk und seinen Kuchen von der Anreiche her und nahm dann zwanglos irgendwo Platz. Aber zu Leonas Leidwesen erschienen weder Andreas München, noch Jochen Schmitz, nicht einmal Kurt Büsing. Es waren vor allem die Kleineren, die den Kuchen in sich hineinfutterten. Leona hatte sich also ganz vergebens schöngemacht. Alle plauderten munter durcheinander, aber sie kannte niemanden, und niemand kümmerte sich um sie.

Als Leona die Situation überschaute, hielt sie es für besser, auf den Kuchen zu verzichten. Sie verließ den Saal, ohne daß jemand sie zum Bleiben aufforderte.

In der Tür stieß sie auf eine Gruppe Jungen, unter ihnen Klaus Voss.

Leona wollte sich durchdrängen, aber die Jungen bildeten eine Kette und versperrten ihr den Weg.

Klaus Voss mimte einen Gitarrenspieler und begann lauthals zu singen: „Es wird Nacht, Leonita, sieh mich an, wie ich frier ... plim, plim ... komm zu mir in mein Bettchen, ich will gar nichts von dir!"

Leona hatte das Gefühl, daß alle Augen sich auf sie richteten; sie wußte nicht aus noch ein.

Zum Glück dauerte der Zwischenfall nur Sekunden. Dann drängten andere von hinten nach, die Sperre wurde gesprengt, und Leona konnte hinausschlüpfen.

Die Jungen johlten vor Vergnügen: „Es wird Nacht, Leonita..."

Ihr Gesicht war krebsrot geworden, und Tränen der Wut standen ihr in den Augen. Sie ärgerte sich nicht so sehr über Klaus – der verstand es nicht besser –, als über ihre Eltern.

Wie hatten sie sie in dieses schreckliche Internat stecken können!

Der erste Kuß

Fast hätte Leona es nicht gewagt, ihre Verabredung mit Kurt Büsing einzuhalten. Aber dann überwand sie sich doch. Nicht, daß sie sich etwas aus diesem Jungen machte. Aber es schmeichelte ihrer Eitelkeit, gleich am ersten Tag jemanden erobert zu haben. Das war etwas, was sie Babsi schreiben und das sie auch Alma und Sabine, die sich ihr so überlegen gaben, unter die Nase reiben konnte.

Sehr lässig, als käme sie ohne jede Absicht, schlenderte sie gegen fünf in den Park, blieb hie und da stehen und ging langsam weiter, als würde sie sich nur umschauen wollen. Der Park war im englischen Stil angelegt. Es gab weite Rasenflächen, Baumgruppen und Bänke, blühende Büsche, aber kaum Blumen.

Die große Eiche, von der Kurt Büsing gesprochen hatte, war nicht zu übersehen. Sie war riesengroß, sicher über hundert Jahre alt, und bildete den Mittelpunkt eines runden Platzes.

Der Junge war auch schon da; er lehnte, die Hände in den Hosentaschen, an dem mächtigen Stamm. Leona beobachtete ihn verstohlen, noch ehe er selber sie entdeckte. Er war weder hübsch noch häßlich, ein blonder, etwas dicklicher Junge, aber er war nett, daran bestand kein Zweifel.

Sobald er Leona sah, löste er sich vom Stamm und ging ihr entgegen. „Schön, daß du gekommen bist, Leona!"

„Ich hatte es doch versprochen!"

„Ja, schon, aber ich hätte es dir nicht übelgenommen, wenn du es dir anders überlegt hättest."

„Wieso?"

„Na, du mußt ja einen schönen Eindruck von uns gewonnen haben . . . ich meine, du mußt uns Rabensteiner für die größten Banausen aller Zeiten halten!"

Leona wurde rot – also hatte sich der Zwischenfall im Speisesaal schon wieder herumgesprochen! – „Wegen Klaus?" fragte sie so beiläufig wie möglich. „Du hast doch selbst gesagt, daß der nur ein Hanswurst ist. Den nehme ich doch keine Sekunde ernst."

„Bravo, das ist der richtige Standpunkt! Überhaupt, Leona, ich muß ehrlich sagen . . . ich finde dich ganz fab!"

„Wirklich?"

„Ja. Unbedingt. Wenn du wüßtest, wie sich andere Neulinge hier aufgeführt haben . . . nicht zu sagen." Er schob seine Hand unter Leonas Ellbogen.

Ihr war diese vertrauliche Berührung unangenehm, sie wußte aber nicht, wie sie sich ihr entziehen sollte, ohne Kurt zu kränken.

Also duldete sie sie.

„Jetzt wollen wir uns mal ein bißchen umsehen, ja?" schlug Kurt vor.

Damit war Leona einverstanden.

Er zeigte ihr die Schwimmhalle, die aber nur gruppenweise zu bestimmten Zeiten benutzt werden durfte, die verschiedenen Werkstätten, in denen man neben der Schule noch ein Handwerk erlernen konnte. Außerdem gab es zwei Tennisplätze, auf denen schon gespielt wurde.

Langsam sank die Sonne tiefer und tiefer und verfärbte sich rot. Der Himmel begann sich zu verdunkeln.

„Ich friere ein bißchen", gestand Leona.

Kurt legte den Arm um ihre Schulter. „Dagegen weiß ich was! Gleich sind wir im Warmen!"

Er öffnete die Tür zu einem Gewächshaus und schob Leona vor sich her hinein.

Eine angenehme, von Blumendüften erfüllte Luft schlug ihr entgegen; in Reihen und Formationen standen Töpfe mit Geranien, Levkojen, Primeln und Pantoffelblumen auf den langgestreckten Tischen.

„Oh, das ist hübsch hier!" rief sie.

„Jetzt gefällt's dir schon besser bei uns, wie?"

Leona spielte mit dem Blatt einer Levkoje. „Sag mal, wie ist es eigentlich wirklich auf Rabenstein? Gefällt's dir hier?"

„Zum Aushalten", erklärte er ernsthaft, „aber seit du hier bist, ist es wunderbar!"

Ehe sie es sich versah, hatte er sie in die Arme genommen und küßte sie hastig auf den Mund.

Leona stieß Kurt Büsing so heftig zurück, daß ein Blumentopf ins Wanken geriet und auf den Boden schlug. „Das war nicht fair!"

„Tu doch nicht so!" Kurt wischte sich den Lippenstift ab. „Du hast es doch so gewollt!"

„Stimmt nicht!" protestierte Leona wild.

„Also hör mal, wer läßt sich schon in ein Gewächshaus führen, ohne sich was dabei zu denken?"

„Ich! Von mir aus halt mich für blöd . . . aber ich habe mir nichts dabei gedacht!"

„Tut mir leid." Kurt bückte sich und hob den Blumentopf auf. „Zum Glück ist nur 'ne Ecke raus. Den stellen wir einfach wieder hin."

„Und damit, denkst du, ist die Sache in Ordnung?"

„Ja. Oder willst du zum alten Sauermann gehen und ihm erzählen, daß du den Topf runtergestoßen hast? Kannst du machen. Aber der knöpft dir glatt zwei Mark ab!"

Leona verstand, daß der alte Sauermann der Gärtner war. Allerdings hatte sie nicht an den Blumentopf gedacht, sondern an den unerwünschten Kuß, hielt es aber jetzt für besser, nicht mehr darüber zu sprechen. „Also gehen wir!"

Kurt vertrat ihr den Weg. „Warum bist du überhaupt mit mir rumgezogen, wenn du mich nicht magst?"

„Ich habe nicht gesagt, daß ich dich nicht mag! Aber ich lasse mich nicht so mir nichts, dir nichts von einem Jungen küssen, den ich gerade erst kennengelernt habe."

Kurt lachte. „Du hast also Grundsätze. Bin mal gespannt, wie weit du mit deinen Grundsätzen kommen wirst."

„Du bist jedenfalls ohne Grundsätze erheblich zu weit gegangen", erwiderte Leona, „und jetzt will ich endlich hier raus!"

Mit einer übertriebenen Verbeugung riß Kurt die Tür vor ihr auf. „Ganz wie gnädiges Fräulein befehlen!"

Ziemlich atemlos kam Leona auf ihrem Zimmer an. Als sie das Gewächshaus verlassen hatte, war ihr die Luft draußen doppelt frisch vorgekommen, und sie war den ganzen Weg zur Burg zurückgerannt.

Alma und Sabine waren inzwischen zurückgekommen. Sie hatten ein Transistorradio laufen und spielten Back Gammon. Als Leona hereinstürzte, blickten sie auf.

„Wo warst du?" fragte Sabine.

„Du siehst aus, als wenn du was erlebt hättest", stellte Alma fest.

„Hab ich auch!" platzte Leona heraus; es war ihr erster Kuß gewesen, und trotz allem war sie ziemlich stolz darauf.

„Erzähl mal!" forderte Alma sie auf.

„Kennt ihr Kurt Büsing?"

Die Freundinnen wechselten einen Blick.

„Und ob", sagte Alma.

„Also . . . der hat sich in mich verknallt!"

„Was du nicht sagst!" Alma wollte die Würfel rollen lassen.

Sabine hielt ihre Hand fest. „War es nett?"

„Er . . . er wollte mich küssen", berichtete Leona, nicht ganz wahrheitsgemäß, „im Gewächshaus, aber ich hab ihn abblitzen lassen."

„Recht so", sagte Alma.

„Ich war . . . nicht sehr nett zu ihm. Hoffentlich habe ich ihn nicht beleidigt."

„Den?" rief Alma. „Den kannst du gar nicht beleidigen. Wenn du wüßtest, was der für ein dickes Fell hat. Er probiert's bei jeder, nur um sich seine eigene Unwiderstehlichkeit zu beweisen."

„Ist das wahr?" Obwohl Leona sich nicht wirklich etwas aus Kurt machte, war die Enttäuschung riesengroß.

„Na klar. Warum sollte ich dir etwas vorflunkern? Das kriegst du auch noch selber raus." Alma würfelte zwei Fünfer und schrie: „Pasch!"

„Glückskind!" sagte Sabine ohne Neid.

Leona war dankbar, daß die Freundinnen sie nicht mehr beachteten. Sie brauchte Zeit, um mit ihrer Enttäuschung fertig zu werden.

Mehr als Kurt ärgerte sie sich über sich selber. Sie hatte sich immer für intelligent und den meisten Mädchen ihres Alters haushoch überlegen gehalten. Aber seit ihrer Ankunft auf Rabenstein hatte sie eine Dummheit nach der anderen gemacht.

Es war wie verhext.

Der nächste Morgen in der Schule gab Leona Auftrieb. Der Unterricht war nicht schwerer als im Max-Josef-Stift in München, sondern unterhaltsamer, durch Gespräche und Diskussionen aufgelockert. Das lag wohl nicht daran, daß die

Lehrer besser waren, sondern der Unterrichtsstil war ein anderer.

In ihrer alten Klasse waren 36 Mädchen gewesen. Auf Burg Rabenstein aber gab es nur zwölf Schüler, fünf Mädchen und sieben Jungen. Zu den Jungen gehörte leider auch der unausstehliche Klaus Voss. Aber Leona merkte bald, daß niemand ihn ernst nahm, und so lernte sie rasch, ihn wie die anderen zu behandeln, als einen harmlosen Clown und Quatschmacher.

Außer Sabine und Alma gingen in ihre Klasse noch ein blasses, spitznasiges Mädchen, das sich als ausgesprochene Streberin entpuppte und sonst nicht weiter interessant war, und Ilse Moll, die gutentwickelte Fünfzehnjährige, die Leona gleich bei ihrer Ankunft kennengelernt hatte.

Ilse Moll war hocherfreut, Leona wiederzusehen, und nahm gleich die erste große Pause wahr, um sich bei ihr unterzuhaken. „Du, ich finde es fab, daß du in unsere Klasse gekommen bist! Endlich mal ein Mensch, mit dem man vernünftig reden kann! Alma und Sabine, die stecken doch immer nur zusammen und Irene... na, du hast bestimmt gleich gemerkt, was mit der los ist!"

Leona war etwas verwundert, Ilse in einer Klasse zu begegnen, für die sie viel zu alt war. Aber dann erinnerte sie sich daran, daß sie ihr gleich in den ersten Minuten ihrer Bekanntschaft erzählt hatte, schon das zweite Mal sitzengeblieben zu sein. Offensichtlich machte sie sich nicht das geringste daraus.

„Schule ist doch nur Käse", erzählte sie, „reine Beschäftigungstherapie. Die lassen uns bloß in der Schule schwitzen, damit wir nicht auf dumme Gedanken kommen. Du denkst, ich spinne? Überhaupt nicht. Ich kann dir das sogar beweisen. Wozu soll die Schule denn sonst gut sein, wenn man neunzig Prozent von dem, was man gelernt hat, nachher doch vergißt?"

„Tut man das denn?"

„Und ob! Du brauchst bloß mal deinen Vater eine Mathematikaufgabe vorzulegen, und du wirst sehen: er hat keine Ahnung."

„Mein Vater doch", widersprach Leona, und ihr tat das Herz weh, wenn sie nur an ihren jungen, feschen Vater dachte, der sie so herzlos verstoßen hatte.

„Dann ist er ein weißer Rabe! Gratuliere! Siehst du ihn manchmal?"

„Wieso?"

„Ich nehme doch an, daß deine Eltern auch geschieden sind oder . . ."

„Wie kommst du darauf?"

„Na, es ist doch nun mal so, daß Kinder ins Internat abgeschoben werden, wenn die Ehe auseinanderbricht", erklärte Ilse munter.

„Willst du damit sagen, daß alle hier aus geschiedenen Ehen stammen?"

„Natürlich nicht. Aber die meisten. Ich lebe bei meiner Mutter . . . das heißt, ich könnte fröhlich und in Frieden bei meiner Mutter leben, wenn die sich nicht in den Kopf gesetzt hätte, daß ich lernen muß."

Leona fand Ilse ziemlich merkwürdig und war doch froh, daß es sie gab. Zumindest war sie ein Mensch, der sich um sie kümmerte. Alle anderen schienen vollauf mit sich selber beschäftigt zu sein.

Am Ende er zweiten Pause fragte Ilse: „Du, wir sehen uns doch heute nachmittag?"

„Wann?"

„Nach der Studierzeit. Bei der großen Eiche?"

Nicht schon wieder! hätte Leona beinahe gesagt. Aber dann begriff sie, daß die große Eiche als beliebter Treffpunkt auf Rabenstein galt, und sie sagte zu.

*

Jeden Nachmittag von drei bis sechs Uhr war auf Rabenstein Studierzeit. Aus einem Dreierzimmer mußten zwei hinunter in den Studiersaal, eine durfte allein auf dem Zimmer bleiben. Um ihr das Einleben leichter zu machen, kamen Alma und Sabine überein, daß Leona die erste Woche oben bleiben durfte.

Leona war den Freundinnen dankbar, und nach einer Erholungspause machte sie sich an die Arbeit. In knappen zwei Stunden war sie mit ihren Hausaufgaben fertig, drehte das Radio an und begann in einem Buch zu schmökern, das sie sich aus der Schulbibliothek ausgeliehen hatte.

Als nach kurzem Anklopfen Tina Wegner eintrat, wurde Leona rot vor Freude und sprang auf. Sie verehrte die attraktive junge Lehrerin, die sie so nett behandelt hatte. „Frau Wegner, bitte, setzen Sie sich doch!"

Tina Wegner schüttelte den Kopf. „Nein, Leona, das geht nicht. Ich bin auf meinem Rundgang durch die Zimmer."

„Aber fünf Minuten werden Sie doch Zeit haben."

„Hast du etwas Besonderes auf dem Herzen?"

„Ich, nein, aber . . . wir könnten uns doch unterhalten!"

Tina Wegner sah sie mitfühlend an. „Du fühlst dich wohl noch sehr einsam auf Rabenstein?"

„Ja. Schon. Ein bißchen", gab Leona zu.

„Du solltest Anschluß an Gleichaltrige suchen."

„Ach! Von denen hat doch keiner Interesse für mich!"

Tina Wegner lächelte. „Das kann man nach deinen bisherigen Erlebnissen wohl kaum behaupten."

Leonas Röte vertiefte sich. Wußte Frau Wegner von dem dummen Streich, den Klaus Voss ihr gespielt hatte, und von ihrem Abenteuer mit Kurt Büsing?

„Du scheinst momentan die interessanteste Person hier zu sein", sagte Frau Wegner, „aber keine Bange, das wird sich mit der Zeit geben. Du hast deine Aufgaben wohl schon fertig?"

„Ja, lange!"

„Trotzdem solltest du kein Radio hören."

„Warum denn nicht?!" protestierte Leona.

„Aus Kameradschaft den anderen im Studiersaal gegenüber."

„Aber was nutzt es denen, wenn ich den Apparat ausschalte?"

„Nichts. Es ist einfach eine Geste. Aber auch eine Geste kann viel bedeuten. Du wirst schon dahinterkommen." Mit diesen Worten verließ Frau Wegner das Zimmer.

Leona kämpfte mit sich, dann schaltete sie mit einem tiefen Seufzer das Radio ab.

Später mußte sie zehn Minuten unter der wohlbekannten Eiche warten, bis Ilse kam. Aus Erfahrung klug geworden, hatte sie sich eine Jacke angezogen, denn die Abende hier in den Bergen pflegten auch nach einem schönen Tag kühl zu werden.

Ilse wirkte sehr schick. Sie trug einen schneeweißen Tennis-dreß, hatte einen Schläger. Ihr sonst so gut frisiertes blondes Haar war leicht zerzaust, aber das stand ihr nicht übel.

„Fein, daß du noch nicht abgehauen bist!" rief sie. „Mein Trainer hat ein bißchen überzogen."

„Ja, hattest du denn keine Studierzeit?"

„Trainerstunden gehen vor. Du kannst dich für alle möglichen Lehrgänge eintragen lassen, Sport oder Hobbys, und dann kriegst du frei. Falls deine Schulleistungen nicht darunter leiden."

„Ich dachte, du wärst so schlecht in der Schule!"

„Wieso denn? Schließlich mache ich den gleichen Quatsch das zweite Jahr." Wieder hängte sie sich vertraulich bei Leona ein.

„Dann ist es doch eigentlich ganz schön hier", meinte Leona, „wenn man alles mögliche anfangen kann!"

„Ja, schwimmen, Tennis spielen, Sport jeder Art, hand-arbeiten, basteln und werken, stenographieren, tippen und 'ne

61

zusätzliche Fremdsprache lernen, schreinern, schlossern, gärtnern, Theater spielen, singen und – und – und ... für den, den so was reizt, ist es natürlich prima."

„Und dich reizt das alles nicht?"

„Nicht die Bohne! Ich will aus dem Kindergarten raus und meine Freiheit wiederhaben. Ich hatte so ein fabelhaftes Leben mit meiner Mutter ..."

„Ich auch!" sagte Leona.

„Dann wirst du mich verstehen. Mein Vati ist schon seit Jahren weg, wegen einer Jüngeren. Zuerst hat Mutti sich die Augen ausgeweint, wie das so ist. Aber jetzt schmeißt sie die Firma allein, hat 'ne Menge Verehrer, und das macht ihr natürlich auch Spaß. Bloß daß sie sich einbildet, sie hätte nicht genügend Zeit für mich!"

„Und was ist mit deinem Vater?" wollte Leona wissen.

„Der holt mich so alle paar Wochen mal ab und führt mich aus, ganz groß, versteht sich. Er ist schon in Ordnung."

„Aber er hat deine Mutter betrogen!"

„Na und? Das tun doch alle Männer. Besser, du stellst dich rechtzeitig darauf ein."

„Das kann doch nicht wahr sein!" rief Leona.

„Du kannst mir schon glauben, ich spreche aus dem reichen Schatz meiner Erfahrungen. Treu sind sie nicht, aber süß. Ich rede jetzt nicht von den Rabensteinern, wohlverstanden. Das sind ja alles nur Anfänger ... und deshalb will ich hier raus."

„Wie willst du das anfangen?"

„Du brauchst gar nicht so ungläubig zu gucken. Ich habe schon einen Plan. Ich werde mich rauswerfen lassen. Und du mußt mir dabei helfen."

Leona sucht eine Freundin

Es war inzwischen dämmrig in dem großen Park geworden. Nur durch die gläsernen Wände des Schwimmbads fiel ein warmer Schein in den Abend, und von Ferne schimmerten die Fenster der Burg über die Gipfel der Bäume.

Leona versuchte, bei dem ungewissen Licht aus Ilses babyblauen Blick zu erkennen, wie ernst sie es wirklich meinte. „Ich soll dir helfen?" fragte sie. „Wie stellst du dir das vor?"

„Gefeuert von Rabenstein wird man", sagte Ilse mit gedämpfter Stimme, „wenn man klaut... aber dann machen sie doch immer wieder einen Versuch, es einem abzugewöhnen. Das ist also nichts. Aber wenn man sich unsittlich benimmt, ist man gleich draußen."

„Unsittlich?" Trotz allem genoß Leona das vertrauliche Gespräch mit dem älteren Mädchen. „Wie willst du das anstellen?"

„Indem ich mich verführen lasse!"

„Das würdest du tun?" Leona löste sich aus Ilses Griff. „Bloß um hier wegzukommen?"

„Bis zum letzten braucht es ja nicht zu gehen, reg dich ab. Es soll nur so aussehen, als ob." Ilses Blick war unschuldsvoll wie immer.

„Ach so."

„Eins muß man dir lassen, du kapierst schnell."

„Und mit wem willst du dich einlassen?"

„Da kommt ja nur einer in Frage... Kurt!"

„Kurt Büsing?"

„Das liegt doch auf der Hand. Der ist bekannt dafür, daß er es mit jeder versucht. Dem braucht man nur einen Knochen

63

hinzuwerfen, und er beißt an." Ilse schnappte wieder Leonas Arm und zog sie mit sich. „Paß auf. Ich treffe mit Kurt eine Verabredung, am besten in der Schreinerei, da kann man von draußen reinsehen und hat drinnen doch nicht das Gefühl, auf dem Präsentierteller zu liegen. Ich lasse mich von ihm küssen und streife meine Klamotten ab. Deine Aufgabe ist es, die anderen zu alarmieren, damit es möglichst viele Zeugen gibt, und zwar im richtigen Augenblick... und schon ist die Sache geritzt! Spitze, was?"

Aber Leona war ganz und gar nicht begeistert. „Wenn du fliegst, dann doch nicht du allein, sondern auch Kurt. Hast du daran nicht gedacht?"

64

„Du fliegst doch nicht allein von Rabenstein",
versuchte Leona der Freundin klarzumachen

„Ist seine eigene Schuld."

„Wenn du ihm eine Falle stellst? Nein, Ilse, das kannst du nicht machen. Ich glaube, Kurt ist gern auf Rabenstein."

„Wenn du wüßtest, wie wenig die Männer auf uns Rücksicht nehmen, dann würdest du nicht so kleinlich sein."

„Vielleicht. Aber jedenfalls finde ich's nicht richtig, und ich mache da auch nicht mit."

„Eine schöne Freundin bist du!" rief Ilse empört.

„Wieso Freundin? Ich habe nie behauptet deine Freundin zu sein . . . und ausnutzen lasse ich mich schon gar nicht!"

Leona riß sich los und lief davon. Die Parkwege waren sehr dunkel, und sie mußte aufpassen, daß sie nicht stolperte.

Sie war wütend und enttäuscht, denn im hintersten Winkel ihres Herzens hatte sie selber gehofft, in Ilse eine Freundin gefunden zu haben. Jetzt war sie wieder allein.

Sabine und Alma saßen wieder mal bei ihrem geliebten Back Gammon, als Leona das Zimmer betrat.

Alma blickte auf. „Nur noch einen Moment, Leona, das ist unsere letzte Partie!"

„Wegen mir braucht ihr euch bestimmt nicht zu beeilen", sagte Leona und wußte nicht, warum sie so unfreundlich war.

Alma und Sabine wechselten einen Blick.

„Wir dachten, wir könnten zur Abwechslung mal was zu dritt spielen! Mensch ärgere Dich nicht vielleicht ... oder kannst du Skat?"

„Ich geh lieber ins Fernsehzimmer."

„Wie du willst."

Leona hatte im tiefsten Inneren gehofft, die beiden würden sie bitten zu bleiben. Dabei wußte sie selber, daß das zu viel verlangt war. Die Schuld lag nicht bei Alma und Sabine. Sie beide bemühten sich, ihr das Einleben leichtzumachen. Aber Leona spürte eben doch schmerzhaft, daß sie sie im Grunde gar nicht brauchten.

Am Abend, als das Licht bis auf eine blaue Notbeleuchtung in der ganzen Burg gelöscht war, plauderten die Freundinnen noch im Dunkeln miteinander. Sie gingen allerlei Tageserlebnisse durch, redeten natürlich auch über Jungen, über Tina Wegner und ihren interessanten Klassenlehrer Heinz Ahlers.

Sie versuchten, auch Leona mit ins Gespräch zu ziehen. „Sag mal, wie gefällt dir Heino?" fragte Alma. „Der ist doch spitze?"

„Ich ahne nicht mal, von wem du sprichst!"

„Von Herrn Ahlers ... wir nennen ihn Heino, wenn er auch gar nicht so aussieht."

„Ich finde ihn ziemlich häßlich", behauptete Leona.

„Wirklich?" fragte Alma erstaunt.

„Und außerdem interessiert er mich nicht." Leona rollte sich auf die Seite. „Wenn ihr mich jetzt, bitte, endlich schlafen lassen würdet!"

Die Freundinnen dämpften die Stimmen, plauderten aber weiter, und Leona stopfte sich die Zipfel ihrer Bettdecke in die Ohren, um nichts hören zu müssen.

„Leona, schläfst du schon?" fragte nach einer Weile Alma.

Leona gab keine Antwort, sondern täuschte statt dessen ein leichtes Schnarchen vor.

Die Freundinnen tuschelten weiter, und Leona hatte das Gefühl, daß sie dankbar waren, sich nicht mit ihr beschäftigen zu müssen.

Ein paar Tage später kamen die ersten Briefe. Der jähen Freude, die Leona empfand, als ihr Name bei der Briefausteilung nach dem Mittagessen aufgerufen wurde, folgte eine tiefe Enttäuschung.

Der eine Brief war von ihrer Mutter, aber er zeigte nichts mehr von dem freundschaftlichen Ton, in dem sie früher miteinander verkehrt hatten. Die Mutter erzählte nichts von sich, und genauso wenig von dem Vater. Sie hatte nur einen ganzen Sack mit mütterlichen Ratschlägen bereit, angefangen von: „Vergiß nicht, dir vor dem Zubettgehen die Zähne zu putzen!" bis: „Warte nicht, bis die anderen auf dich zukommen, du mußt dich schon selbst auch etwas bemühen, wenn du eine gute Freundin finden willst!"

Leona riß den Brief in winzige Teile und ließ sie in den Papierkorb rieseln.

Der andere Brief kam von Babsi, und er war auch nicht besser. Babsi ging nur flüchtig auf all das ein, was Leona ihr aus Rabenstein berichtet hatte. Statt dessen berichtete sie uninteressante Ereignisse aus Leonas alter Klasse. Der ganze Brief war nicht länger als eine Seite.

Leona ärgerte sich, daß sie ihr überhaupt geschrieben hatte. Babsi war ja nie eine wirkliche Freundin gewesen, viel zu kindisch im Vergleich zu ihr, und das wurde durch die Trennung auch nicht besser.

„Du machst vielleicht ein Gesicht!" Ohne daß Leona darauf geachtet hatte, war Ilse neben sie getreten. „Schlechte Nachrichten?"

„Ach was! Belanglosigkeiten!"

„Noch schlimmer!"

Leona blickte hoch. „Du verstehst, daß man sich über so was ärgert?"

„Und ob. Besonders wenn man einen inhaltsreichen Brief erwartet hat. Aber die draußen haben ja keine Ahnung!" Sie hakte sich bei Leona ein. „Komm, wir gehen ein bißchen spazieren."

Leona warf einen Blick auf ihre Uhr.

Bis zur Studierzeit war noch eine gute Stunde Zeit. Und etwas Besseres, als sich mit Ilse zu unterhalten, hatte sie ohnehin nicht vor.

„Na schön", sagte sie.

Das Wetter hatte umgeschlagen. Ein leichter Frühlingsregen ging draußen nieder und wusch die Blätter von Büschen und Bäumen blank. Die Berggipfel lagen hinter einer grauweißen Wolkenwand verborgen. Die meisten Jungen und Mädchen zogen sich ihr Regenzeug an und liefen trotzdem nach draußen.

Aber dazu hatte Ilse keine Lust. „Meine Frisur!" sagte sie und wies auf ihre kunstvoll aufgedrehten Locken. „Nein, laß uns, bitte, lieber drinnen bleiben."

Damit war Leona einverstanden, und so spazierten sie auf dem breiten Gang mit den Spitzbogenfenstern auf und ab.

„Hast du immer noch vor, dich rauswerfen zu lassen?" fragte Leona.

„Pst!" Ilse sah sich um. „Die Bombe darf keinesfalls vorzeitig hochgehen!"

„Also willst du es immer noch?"

„Ja, aber keine Bange. Ich mach's ohne dich."

Zu ihrer eigenen Verwunderung empfand Leona einen leichten Stich von Eifersucht. „Mit wem?" fragte sie.

„Klaus Voss!"

„Bist du sicher, daß der dichthält? Daß er Kurt nicht alles steckt? Vergiß nicht, er ist ein Junge. Er wird wahrscheinlich zu den Jungen halten."

„Nicht die Spur. Für einen Spaß tut Klaus alles."

Eine Weile ging Leona nachdenklich neben ihr her, dann fragte sie: „Hast du schon mit ihm gesprochen?"

„Nein."

„Dann laß ihn draußen und mach's lieber doch mit mir!" hörte Leona sich zu ihrer eigenen Verwunderung sagen.

„Aber du wolltest doch nicht!"

„Ich hab's mir eben überlegt!"

Ilse drückte ihren Arm. „Das ist fab von dir! Und weißt du was? Du sollst es auch nicht umsonst tun! Wenn ich erst draußen bin, hol ich dich nach! Wir haben ein riesiges Haus und Zimmer genug, und meine Mutter wird froh sein, daß ich eine Freundin gefunden habe, die so gut in der Schule ist wie du!"

Ilses Vorschlag klang verlockend, und für Sekunden ließ Leona sich davon einlullen. Aber dann machte sie sich klar, daß niemals etwas daraus werden konnte.

„Versprich mir nicht zuviel", wehrte sie ab, „laß uns lieber deinen Plan noch einmal genau durchsprechen."

Darauf ging Ilse begeistert ein. Sie ahnte nicht, daß Leona sich aus einem ganz anderen Grund entschlossen hatte, die ihr zugedachte Rolle zu übernehmen. Leona glaubte, daß sie nur so das Schlimmste verhindern konnte. Klaus Voss, diesem

69

Hanswurst, war alles zuzutrauen. Er würde, dachte Leona, nicht davor zurückschrecken, Kurt Büsing unmöglich zu machen. Genausogut wäre es aber auch möglich gewesen, daß er sich auf die Seite des Jungen schlug und Ilse bis auf die Knochen blamierte. Um bösartige Einfälle war Klaus ja bekanntlich nie verlegen.

Nein, wenn es nicht zu einer Katastrophe kommen sollte, mußte sie, Leona, so tun, als wollte sie helfen, denn nur so konnte sie das Schlimmste verhindern.

Am nächsten Mittag fand Kurt ein Briefchen in seiner Schultasche.

Die Jungen pflegten, wenn sie sechs Stunden vormittags hatten, vor dem Essen nicht erst in ihr Wohnhaus zu gehen, sondern gleich in den Speisesaal. Ihre Schultaschen stellten sie draußen ab. So war es ein leichtes gewesen, den Brief in Kurts Mappe zu praktizieren.

Ilse und Leona beobachteten, scheinbar eifrig in ein Gespräch vertieft, wie er den Brief fand und öffnete. Jetzt war die Frage, ob er seine Kameraden mit großem Hallo aufmerksam machen würde, oder ob er den Inhalt für sich behielt.

Er bekam einen roten Kopf, und die Mädchen nahmen es für ein gutes Zeichen. Sie wußten, was er las — sie hatten ja die einzelnen Worte und Buchstaben mühevoll aus einer alten Zeitung ausgeschnitten: „Gönnst du mir ein Beisammensein unter vier Augen? Ich verehre dich schon seit langem, aber du hast es nie bemerkt. Dabei sehe ich nicht übel aus. Ich erwarte dich heute nach der Studierzeit in der Schreinerei. Den Schlüssel habe ich."

Kurt blickte sich um wie jemand, der ein Geheimnis verbergen will, und machte sich rasch davon.

Leona und Ilse konnten es nicht verhindern, daß sie in ein heftiges Kichern ausbrachen. Aber das merkte er nicht mehr.

Bis jetzt hatte Ilse den Schlüssel zur Schreinerei zwar noch nicht, aber es war für sie höchst einfach, daran zu kommen. Sie nahm nämlich selber an einem Schreinerkurs teil, der an diesem Nachmittag von drei bis fünf Uhr dauerte.

Als alle auseinandergingen, brauchte sie nur den Schlüssel zu nehmen und großzügig zu erklären: „Ich schließ ab und bring den Schlüssel dann zur Pforte."

Bei niemandem erregte sie damit einen Verdacht.

Leona schwänzte eine halbe Stunde von der Studierzeit. Das war möglich, weil sie immer noch allein auf dem Dreierzimmer arbeitete. Sie schlüpfte in ihren alten Trainingsanzug und in Turnschuhe und schlich sich aus der Burg. Auch das war nicht weiter gefährlich, weil jeder, dem sie begegnete, annahm, daß sie auf dem Weg zu einer Sportstunde wäre.

Aber Leona hatte sich etwas anderes vorgenommen. Sie wartete, bis weit und breit niemand mehr in Sicht war, und kletterte dann auf eine Linde, deren unterste Äste ziemlich tief reichten, so daß sie sich ohne allzu große Schwierigkeiten hinaufschwingen konnte.

Von diesem Platz aus hatte sie einen guten Blick auf die Schreinerei und ihre Umgebung. Sie mußte aufpasen, ob Kurt wirklich kam und – ob er allein war, denn es war durchaus denkbar, daß er den anonymen Liebesbrief als Anlaß zu einem Streich gegen Ilse nehmen würde.

Aber alles verlief, wie Ilse es sich ausgedacht hatte. Kaum, daß sie selber in der Schreinerei verschwunden war, erschien Kurt. Er war etwas unsicher, sah sich nach allen Seiten um und verschwand dann in der Werkstatt.

Schleunigst rutschte Leona von ihrem Hochsitz und lief zum Fenster. Die Schreinerei war durch einen brennenden Sägespäneofen schwach beleuchtet, aber immerhin gut genug, daß Kurt und Ilse deutlich zu erkennen waren.

Leona sah, wie die beiden sich küßten.

Jetzt hätte sie eigentlich schon zur Burg laufen und Zeugen alarmieren sollen.

Aber sie hatte einen anderen Plan. Sie wollte, wenn Ilse zu weit ging, heftig gegen die Fensterscheibe klopfen, um die beiden auseinanderzuschrecken.

Doch dazu sollte es gar nicht erst kommen.

Als Ilse Kurts Hand auf ihren Busen legte, zuckte er zurück.

Leona konnte nicht verstehen, was die beiden sagten. Sie sah nur Ilses verführerisches Lächeln und Kurts entgeisterte Miene.

Ilse begann ihre Hemdbluse aufzuknöpfen. Das war für Kurt zuviel. Er wich zurück, wandte sich ab und stürzte ins Freie.

Leona konnte sich gerade noch in Sicherheit bringen, sonst hätte er sie umgerannt. So aber sah er sie gar nicht und stürmte wie gehetzt davon.

In der Schreinerei war Ilse noch dabei, sich ihre Bluse zuzuknöpfen. „So ein Idiotenhäuptling!" schrie sie. „So ein windiger Angeber! Tut als hätte er weiß was auf dem Kasten, und wenn es ernst wird, türmt er!"

Leona hatte Mühe, ernst zu blicken. „Er wollte sich eben nicht von dir vernaschen lassen."

Ilse hörte gar nicht hin. „Wo sind die anderen?" fragte sie. „Was haben sie dazu gesagt?"

„Ich habe niemanden geholt, und ich glaube, du solltest mir dankbar sein!"

„Dankbar?" Ilses babyblaue Augen wirkten gar nicht mehr unschuldsvoll, sie funkelten vor Wut. „Bildest du dir etwa ein, ich würde den Schleier des Vergessens über diesen Zwischenfall ziehen? Im Gegenteil, ich werde diesen Lümmel im ganzen Landschulheim unmöglich machen."

„Das solltest du dir aber doch noch mal überlegen. Du bist dir wohl nicht klar, daß du, wenn die Geschichte herauskommt, selber bis auf die Knochen blamiert bist!"

„Aber wieso denn, ich wollte ja . . .“

„Kurt verführen. Zu traurig, daß es dir nicht gelungen ist. Jeder, der davon hört, wird den Schluß ziehen, daß es mit deinen weiblichen Reizen und deinen Erfahrungen nicht allzuweit her sein kann.“

„Du bist gemein!“

„Nein, nur vernünftig. Bis bald! Ich bin auf der ollen Linde ziemlich naß geworden. Ich will mich ganz rasch umziehen.“

Leona winkte Ilse noch einmal zu und flitzte davon. Sie war so gut gelaunt wie schon lange nicht mehr.

Aber Leonas gute Laune sollte nicht lange anhalten. Als sie auf ihr Zimmer kam und Alma und Sabine friedlich beieinandersitzen sah, fühlte sie sich ausgeschlossen wie immer.

Um einmal, wenigstens ein einziges Mal bei den beiden Beachtung zu finden, erzählte sie ihnen unter dem Siegel tiefster Verschwiegenheit, was sich soeben in der Schreinerei abgespielt hatte. Aber sie machte damit keinen Eindruck.

„Die Ilse hat doch schon immer gesponnen!“ sagte Alma nur. „Kurt verführen! Ausgerechnet! Was Dümmeres konnte sie sich wohl nicht einfallen lassen.“

„Ich hätte schon aufgepaßt, daß nichts passiert wäre“, erklärte Leona.

„Wie du gesehen hast, war das gar nicht nötig.“

So schrumpfte auch Leonas vermeintliche Heldentat auf ein Nichts zusammen.

Sie hatte einmal nicht an sich selber gedacht, sondern an andere, und was hatte sie damit gewonnen? Weniger als nichts. Ilse, die einzige, die sich bisher ein bißchen um sie gekümmert hatte, war böse auf sie. An eine Freundschaft war gar nicht mehr zu denken. Kurt ahnte nicht einmal, daß sie bereitgestanden hatte, um ihn zu retten. Sabine und Alma aber ließ die ganze Geschichte völlig kalt.

*Zu Hause habe ich mich nie nach einer Freundin gesehnt,
dachte Leona traurig*

Leona fühlte sich so allein im Landschulheim wie an ihrem ersten Tag. Darüber konnte ihr auch ein lustiger Brief des Vaters nicht hinweghelfen, im Gegenteil, er erreichte nur, daß sie sich noch unverstandener vorkam.

Alma und Sabine kapselten sich nicht gegen sie ab. Und dennoch hatte Leona immer den Eindruck, daß die beiden, die sich ja schon lange kannten, auf ihre Gesellschaft eigentlich gar keinen Wert legten. Sie gaben sich kameradschaftlich ihr gegenüber, aber das empfand Leona als zuwenig.

In München hatte sie sich nie nach einer Freundschaft mit einem gleichaltrigen Mädchen gesehnt. Da hatte sie ja ihre junge Mutter gehabt, mit der sie über alles, aber auch wirklich alles hatte reden können. Die Mutter hatte sie behandelt wie eine Erwachsene, und sie war glücklich dabei gewesen.

Aber jetzt, im Landschulheim, hatte sie niemanden mehr. Manchmal fühlte sie sich geradezu ausgestoßen, und es ärgerte sie maßlos, daß ringsum alle immer in Gruppen, zu zweien, dreien, vieren oder fünfen vergnügt miteinander waren. Selbst Ilse, die mit keinem Mädchen wirklich befreundet war, hatte dafür offensichtlich Sympathie bei den Jungen. Leona konnte beobachten, wie einer ihr die Tür aufhielt, ein anderer ihr ein Scherzwort zurief, ein dritter ihr den Stuhl wegzog, und das alles doch ohne Zweifel in der Absicht, sie auf sich aufmerksam zu machen.

Um sie, Leona, kümmerte sich niemand. Sie hätte geradesogut nicht dazusein brauchen. Sie wünschte sich weit, weit weg. Auf die Idee, daß der verdrossene, verschlossene, hochmütige Ausdruck ihres Gesichts jede Sympathie schon im Keim ersticken mußte, kam sie gar nicht.

Immer heißer beneidete sie Alma und Sabine, die sich so gut miteinander verstanden, obwohl sie doch so verschieden waren. Alma war immer munter und vergnügt, sehr sportlich und aktiv, während Sabine nachdenklich, fast ein bißchen traurig wirkte und, wenn Alma ihr nicht zusetzte, lieber für sich allein blieb, anstatt mitzumachen.

Eigentlich, dachte Leona, würden sie und Sabine doch viel besser zusammenpassen.

Unerwarteter Besuch

Immer atmete Leona auf, wenn Alma wieder einmal zum Schwimmen, Tennisspielen, zu einem der zahlreichen Kurse und Veranstaltungen, die auf Rabenstein geboten wurden, fortging und Sabine es, trotz ihrer Ermunterungen, vorzog zurückzubleiben. Dann ergab sich für Leona eine Gelegenheit, zu reden. Sabine war bereit, ihr zuzuhören, und manchmal konnte Leona fast glauben, daß sie eine Freundin gefunden hätte.

Aber das genügte ihr nicht. Sie konnte es sich nicht verkneifen, gelegentlich auf die abwesende Alma zu hetzen. Das tat sie nicht aus Bosheit, sondern weil es ihr nicht genügte, die Dritte im Bund und dazu noch sozusagen das fünfte Rad am Wagen zu sein. Alles hätte sie darum gegeben, Sabine als Freundin ganz für sich allein zu haben.

So sagte sie einmal: „Ich find's eigentlich komisch, daß Alma immer ohne dich loszieht."

„Na, immer tut sie's ja gar nicht, sondern bloß wenn ich keine Lust habe."

„Komisch finde ich es aber trotzdem", beharrte Leona.

„Wieso denn? Sollte sie etwa meinetwegen oben bleiben?"

„Ehrlich gestanden: ja! Eine richtige Freundin läßt einen nicht einfach allein."

Sabine sah sie aus großen Augen an. „Was verstehst du schon von Freundschaft?"

Dann kam Alma zurück, aufgekratzt, sprühend, und erzählte von einem Match, das sie gewonnen hatte, und Sabine strahlte auf und hing an ihren Lippen, und mit der Vertrautheit zwischen ihr und Leona war es ganz und gar vorbei.

Leona mußte erfahren, daß Sabine zwar bereit war, ihr zuzuhören, aber nichts von sich selber erzählen mochte, und so konnte es nicht zu einer wirklichen Freundschaft kommen.

Nach ihrer ersten Woche auf Rabenstein wurde gewechselt, und Sabine blieb jetzt oben auf dem Zimmer, während Leona mit Alma in den Studiersaal hinunter mußte. Das Lernen unter Aufsicht, bei dem man nicht miteinander schwätzen durfte, fiel Leona schwer, besonders wenn sie an ihr gemütliches Zimmer zu Hause dachte.

Am Freitag nachmittag, als sie nach oben kamen, rief Alma, als sie in das Zimmer stürmte: „Ich geh jetzt schwimmen!" Sie riß ihren Schrank auf und holte ihren Badeanzug heraus. „Wer kommt mit?"

„Ich nicht", wehrte Sabine sofort ab.

„Ach, Bine, sei doch kein Frosch!"

„Ich muß noch Mathe büffeln, du weißt doch, ich schaff's sonst nicht!"

„Du Ärmste! Na, da kann man nichts machen! Was ist mit dir, Leona?"

Bisher war Leona immer lieber mit Sabine allein geblieben, diesmal aber – sie hatte die Abfuhr von neulich noch nicht vergessen –, reizte es sie, Alma zu begleiten. „Ich hätte schon Lust!"

„Dann komm! Bis zum Essen bleibt uns nur 'ne Stunde!" erwiderte Alma.

Sie liefen zusammen hinunter, durch den Park, in dem es jetzt schon länger hell blieb, trafen auf andere Mädchengruppen und stürmten mit Hallo ins Schwimmbad. Leona war nicht besonders sportlich, aber zum Schwimmen und Springen – es gab nur ein Einmeterbrett – reicht es doch, und es war für sie ein ganz neues Gefühl, als eine unter vielen anerkannt zu sein.

Alle waren lustig, und Leona hatte den Eindruck, daß die anderen, und besonders Alma, ihr echte Sympathie entgegenbrachten.

Als sie, mit nassem Haar und hungrigem Magen, zur Burg liefen, sagte Leona: „Das war ein Spaß! Zu blöd von Sabine, daß sie nicht mitgemacht hat!" – Sie wußte selber nicht, warum sie das sagte – sie wollte Alma ein abwertendes Wort über die Freundin abluchsen.

Alma dachte gar nicht daran, ihr den Gefallen zu tun. „Du weißt doch, daß sie noch büffeln mußte", erklärte sie.

„Ja, heute! Aber sie macht doch so oft nicht mit, wenn du was vorhast."

„Und wenn schon. Das ist ihre Sache."

„Ich finde, Freundinnen müssen so viel wie möglich zusammen sein."

Alma sah sie von der Seite her an. „Hast du denn jemals 'ne richtige Freundin gehabt?"

Diese Frage war so treffend, daß Leona errötete. „Natürlich hab ich das!" schwindelte sie. „Als ich noch in München war . . ."

„Nur komisch, daß sie dir nie schreibt! Wenn Bine und ich getrennt wären, wir würden trotzdem in Verbindung bleiben."

„Ja, ihr!" sagte Leona voller Neid.

Alma legte ihr den Arm um die Schultern. „Mach dir nichts draus! Dich haben wir doch auch gern!"

Aber das klang für Leona so gönnerhaft, daß es kein Trost war.

Immer stärker wurde ihr Wunsch, einen Keil zwischen die Freundinnen zu treiben.

Am Samstag regnete es. Die meisten Schülerinnen und Schüler von Rabenstein waren übers Wochenende nach Hause gefahren. Für die im Internat gebliebenen war es ein sehr langweiliger Tag.

Leona verzog sich ins Fernsehzimmer und sah sich mit ein paar anderen Jungen und Mädchen, die sich ebenso langweilten, einen alten deutschen Spielfilm an. Danach verließen die anderen, einzeln und in Grüppchen, den Raum. Allein mochte Leona auch nicht vor dem Fernseher hocken bleiben. Also blieb ihr nichts anderes übrig, als auf ihr Zimmer hinaufzugehen.

Dort hatte Alma das Transistorradio auf die eben noch erlaubte Lautstärke aufgedreht, den Tisch beiseite geschoben und übte sich in Rock 'n' Roll. Sabine saß in der Fensternische, hatte sich die Zeigefinger in die Ohren gesteckt und las.

„Mensch, was für ein Krach!" schrie Leona. „Das ist ja nicht zum Aushalten! Stell das Radio leiser . . . und diese Unordnung!"

„Wie kommst du mir vor?" gab Alma unerschüttert zurück. „Bisher war alles friedlich, und kaum tauchst du auf, da gibt es Knies!"

„Friedlich! So kann man es auch nennen! Ist dir denn nicht klar, daß *eine* unter dem Krach und unter der Unordnung leidet?"

Jetzt war Alma doch betroffen; sie drehte die Musik leiser. „Ach wirklich?"

„Nur zu wirklich! Sie kann sich bloß nicht gegen dich durchsetzen! Du bist einfach rücksichtslos!"

Alma lief zu Sabine hin und nahm ihr die Hände von den Ohren. „Ist das wahr, Bine?"

„Was?"

„Daß du unter dem Krach leidest?" Sie schüttelte die Freundin. „Warum sagst du es mir dann nicht? Ein einziges Wort hätte genügt!"

Leona hatte sich darangemacht, den Tisch wieder in die Mitte zu rücken. „Man braucht doch nicht alles auszusprechen, so was kann man sich doch an allen fünf Fingern abzählen!"

Sabine sah erstaunt von einer zur anderen. „Aber Alma hat mich gar nicht gestört, ich hätte es sonst schon gesagt!"

„Das behauptest du jetzt bloß!" rief Leona. „Das kann doch gar nicht wahr sein!"

„Was mischt du dich in unsere Angelegenheiten?" Sabine merkte sich die Seitenzahl und klappte ihr Buch dann energisch zu. „Wenn ich an Alma was auszusetzen habe, dann sage ich es schon selber. Niemand hat dich gebeten, meinen großen Schutzengel zu spielen."

„Sehr richtig!" stimmte Alma ihr zu. „Wenn dich meine Hopserei und das Gedudel stört, Leona, dann kannst du es sagen . . . aber für dich selber. Warum schiebst du Bine vor?"

79

„Du hast überhaupt so eine Art", fand Sabine, „als wolltest du uns auseinanderbringen."

„Das ist ja gar nicht wahr!" protestierte Leona, aber sie konnte nicht verhindern, daß sie rot wurde.

„O doch!" rief Alma. „Wo du es sagst, Bine, fällt es mir jetzt auch auf. Du versuchst uns gegenseitig aufzuhetzen, und das, muß ich dir sagen, finde ich alles andere als schön."

„Ganz davon abgesehen, daß es dir nicht gelingen wird."

„Ja, ganz davon abgesehen! Was denkst du dir eigentlich dabei?"

Sabine ließ sich von der Fensterbank herunterrutschen. „Laß nur, Alma", erklärte sie. „Leona ist es eben von zu Hause her so gewöhnt. Da hat sie auch immer die Mutter gegen den Vater und umgekehrt ausgespielt!"

„Hätte ich dir bloß nie was erzählt!" Tränen stiegen in Leonas schöne graue Augen. „Es ist gemein, das jetzt gegen mich zu verwenden!"

„Du denkst wohl, du darfst mit jeder Waffe um dich hauen, und wir dürfen immer nur treu und brav alle Hiebe und Sticheleien einstecken! Aber da hast du dich geirrt. Bevor du hierherkamst, haben wir in Frieden und Freundschaft gelebt . . ."

„. . . und wir haben uns bemüht, dir nett entgegenzukommen!" ergänzte Alma.

„Richtig", sagte Sabine, „und zum Dank dafür versuchst du, unsere Freundschaft kaputtzumachen, wie du es mit der Ehe deiner Eltern gemacht hast. Aber das lassen wir uns nicht gefallen."

„Kommt ja nicht in die Tüte! Und jetzt nimm deinen Mantel, Bine, laß uns einen kleinen Spaziergang machen, damit wir dem Pesthauch hier entgehen!"

Die Freundinnen zogen sich Regenmäntel und Gummistiefel an, und verließen das Zimmer, ohne sich weiter um die weinende Leona zu kümmern.

Leona weinte nicht nur aus Wut, sie weinte nicht nur, weil sie durch Sabines Vertrauensbruch verletzt war, sondern sie weinte auch aus Reue. So verbohrt war sie nämlich doch nicht, um nicht zu ahnen, daß an Sabines Vorwürfen doch zumindest ein Hauch von Wahrheit war.

Wie oft hatte sie ihrer Mutter eingeredet: „Das darfst du dir von Vati nicht gefallen lassen!"

Und hatte sie nicht zuweilen im Gefühl der Überlegenheit ihrem Vater gegenüber fallenlassen: „Mutti ist nun einmal so! Sie kann nicht aus ihrer Haut heraus!" und war dabei fest überzeugt gewesen, daß sie ihren Vater besser, viel besser behandeln könnte.

Ja, es war die gleiche Methode gewesen, die sie den Freundinnen gegenüber angewandt hatte. Aber Sabine und Alma hatten sich energisch und gar nicht fein zur Wehr gesetzt.

Warum hatten ihre Eltern das nicht getan? Nein, sie war nicht schuld und nicht einmal mitschuld am Scheitern ihrer Ehe. Leona war nicht bereit, sich das einzugestehen.

Sie erstickte die aufkeimende Reue zugleich mit den Tränen und rang sich zu ihrem alten Standpunkt durch, daß ihr die Eltern bitteres Unrecht zugefügt hatten.

Am nächsten Morgen kam Leona vom Frühstück aus dem Speisesaal, als Klaus Voss von draußen hereinstürmte und schrie: „Leona! Leona! Ein Herr will dich sprechen!"

Aber Leona blieb gelassen. „Mich hast du einmal reingelegt, Junge, das war genug!"

„Aber wenn ich es dir doch sage! Ein Herr mit einem Auto . . . ist in den Hof gefahren, und jetzt ist er bei Pauline!"

„Quatsch!"

„Er hat aber nach dir gefragt!"

Leona wandte sich ab. „Du mit deinen blöden Geschichten, du kannst mich doch mal!"

„Wie sieht er denn aus?" erkundigte sich Alma.

Die Freundinnen hatten am Abend zuvor nicht mehr mit Leona gesprochen, gaben sich aber heute ganz so, als hätte es nie eine Auseinandersetzung zwischen ihnen gegeben.

Klaus ließ grinsend seine frechen Eckzähne sehen. „Ganz dein Typ!" behauptete er. „Jung, sehr fesch, schlank, trägt einen Schnauz!"

Leona hatte sich schon der Treppe zugewandt; jetzt verhielt sie mitten im Schritt. „Mein Vater! Das kann nur mein Vater sein!"

„Dann lauf schnell zu ihm hin!" riet Sabine.

„Nein!" Leona warf ihr langes blondes Haar in den Nacken. „Ich denke nicht daran. Geh du zu ihm hin, Klaus, und sag ihm, daß ich nicht zu sprechen bin."

Die anderen starrten sie entgeistert an.

„Ist das dein Ernst?" fragte Klaus.

„Im Gegensatz zu dir, mache ich keine blöden Witze."

Alma packte sie beim Arm. „Leona! Hast du dir das auch überlegt?"

„Selbstverständlich. Ich möchte meinen Vater nicht sehen . . . es sei denn er ist gekommen, um sich zu entschuldigen und mich nach Hause zu holen. Das kannst du ihm ausrichten, Klaus!"

Hocherhobenen Hauptes schritt sie die Treppe hinauf.

„Da hört sich doch alles auf!" schrie Klaus.

Sabine lief hinter Leona her die Treppe hinauf und erwischte sie auf dem Absatz. „Das kannst du nicht machen, Leona!"

„Und wie ich das kann!"

„Leona, er ist dein Vater! Begreifst du denn nicht? Dein Vater!" Sabines Stimme brach.

„Na und? Das gibt ihm doch kein Recht, sich mir gegenüber schlecht zu benehmen."

„Aber er hat sich doch nicht . . ."

„Er hat mich hierher abgeschoben! Er und Mutter. Und das verzeih ich ihnen nie!"

Sabine hielt sie fest. „So darfst du die Dinge nicht sehen, Leona! Du darfst dich nicht so verrennen! Sei doch froh, daß du noch Eltern hast!" Sie brach in Tränen aus, ließ Leona los und rannte nach oben.

Leona war verdutzt. „Verstehst du das?" fragte sie Alma.

„Und ob. Sabine ist Waise. Sie will nicht, daß darüber geredet wird. Aber ich glaube, es ist höchste Zeit, daß du es erfährst."

„Soll das heißen, sie hat keine Eltern mehr?"

„Jawohl, du kluges Kind. Sie sind bei einem Autounfall ums Leben gekommen. Beide." Damit rannte Alma hinter der Freundin her.

Leona kämpfte mit sich. Bei der Vorstellung, ihre Eltern könnten tot sein, wurde ihr dann doch ganz anders. Sie begriff, daß sie den Streit nicht so auf die Spitze treiben durfte.

Am liebsten wäre sie gleich in den Burghof hinuntergerast. Aber das hätte ja so aussehen können, als hätte sie ihren Vater sehnlichst erwartet, und außerdem brauchte sie ihren Mantel. Also lief sie zunächst auf ihr Zimmer.

Sabine stand am Fenster, und ihr zuckender Rücken zeigte, daß sie weinte, während Alma den Arm um ihre Schultern gelegt hatte und tröstend auf sie einsprach.

Leona hatte das Gefühl, sich entschuldigen zu müssen. „Tut mir leid, Bine, aber ich konnte doch nicht wissen . . ."

„Halt keine Reden, sondern sieh zu, daß du fortkommst!" fiel Alma ihr ins Wort.

„Ich seh zu, daß ich euch was mitbringe", versprach Leona.

Bei einem Blick in den Spiegel stellte sie mit Befriedigung fest, daß sich das Haarewaschen am Abend zuvor gelohnt hatte. Ihre langen hellen Wimpern hatte sie, auch ohne besonderen Anlaß, sorgfältig getuscht. Jetzt fehlte nur noch der Lippenstift, um das Bild zu vollenden.

Nach dieser Selbstbespiegelung riß sie ihren Regenmantel aus dem Schrank und stürzte aus dem Zimmer und die Treppe hinunter.

Doch – o Schreck! – der Burghof war leer!

Leer ist eine falsche Beschreibung. Wie immer, wenn nicht gerade Unterricht war, trieben sich ein paar junge Leute dort herum. Auch parkende Autos standen dort, nur das von Herrn Heuer war nicht darunter!

Im ersten Augenblick glaubte Leona, daß sie doch wieder einem dummen Streich von Klaus Voss aufgesessen wäre. Dann aber kam ihr die Idee zum Burgtor zu laufen, und sie raste los wie ein abgeschossener Pfeil.

Richtig! Da rollte das bekannte grasgrüne Auto die Auffahrt hinunter. Die Enttäuschung, den Vater verpaßt zu haben, trieb Leona die Tränen in die Augen.

Zaghaft hob sie die Hand und winkte. Gerade noch im letzten Augenblick, vor der Kurve, die zum Dorf hinunterführte, entdeckte der Vater sie im Rückspiegel und trat auf die Bremse. Ein paar Meter weiter blieb das Auto stehen, und Herr Heuer setzte seine langen Beine auf die Straße.

„Vati!" rief Leona und lief auf ihn zu.

Aber noch bevor sie ihn erreichte, fiel ihr ein, daß eine allzu stürmische Begrüßung doch wohl nicht angebracht wäre, und sie setzte ihre damenhafteste Miene auf.

„Hallo, Vati", sagte sie beherrscht und reichte ihm die Fingerspitzen ihrer rechten Hand.

Herr Heuer zwinkerte mit den braunen, fröhlichen Augen. „Hallo, Kleines, gut siehst du aus! Der Aufenthalt im Landschulheim scheint dir gut zu bekommen."

Leona hob die schmalen Augenbrauen. „Das sollte wohl kein Thema zwischen uns sein."

Er lachte. „Na, komm, steig ein! Ich bin froh, daß du es dir doch noch überlegt hast!"

84

Er öffnete, zu Leonas Überraschung, die rückwärtige Tür, und erst jetzt stellte sie fest, daß neben dem Fahrersitz eine sehr schicke, sehr gepflegte junge Frau saß.

„Darf ich bekannt machen", sagte Herr Heuer, „das ist, wie du dir denken kannst, Susanne, meine sagenumwobene Tochter Leona ... und dies ist Frau Heinzelmann, eine Kollegin aus der Redaktion!"

Susanne Heinzelmann drehte sich zu Leona um, zeigte ein freundliches Lächeln und reichte ihr die Hand – die Leona nicht ergriff. Mehr als ein leichtes Kopfnicken ließ sie sich nicht abringen, als sie hinter Frau Heinzelmann im Auto Platz nahm.

„Na, wo wollen wir hin, Leona?" fragte der Vater.

„Das hast du zu bestimmen", sagte sie mit gepreßter Stimme.

„Sicher hab ich das. Aber wahrscheinlich wird es doch ein Plätzchen geben, das ihr in Rabenstein mit Vorliebe aufsucht."

„Ich habe keine Ahnung."

„Schön, dann fahren wir zum Chiemsee. Oder was meinst du, Susanne?"

„Chiemsee ist immer gut. Ich kenne da eine Gaststätte, wo sie fabelhafte frische Fische haben, Hechte und Renken, direkt aus dem See."

„Mir läuft das Wasser im Mund zusammen", sagte Herr Heuer.

„Und dann gibt es dort den berühmten Chiemseeschwan", plauderte Frau Heinzelmann munter fort, „ein Gebilde aus Baiser, mit Eis und Schlagsahne gefüllt ... du magst doch Süßes, nicht wahr, Leona?"

„Nicht besonders", erwiderte Leona abweisend.

„Dann nimmst du eben Käse oder Fruchtsalat", meinte ihr Vater unbeeindruckt. „Nun erzähl doch mal? Wie gefällt es dir auf Rabenstein?"

„Wie soll's mir schon gefallen?"

Frau Heinzelmann lachte. „Gut, nehme ich doch an. Rabenstein, das ist doch ein richtiges Nobelinternat. Mein Gott, wäre ich als junges Mädchen glücklich gewesen, wenn meine Eltern mir so etwas geboten hätten!"

„Wer weiß, wie Sie aufgewachsen sind!"

Herr Heuer fuhr herum. „Das geht aber nun wirklich zu weit!"

Frau Heinzelmann berührte ihn rasch mit der Hand. „Laß doch, Peter! Glaub bloß nicht, daß ich mich kränke!"

„Ich hatte auch nicht die Absicht, Sie zu beleidigen", erklärte Leona steif.

Susanne Heinzelmann lachte.

„Interessiert es dich eigentlich gar nicht, wie es deiner Mutter geht?" fragte Herr Heuer.

„Oh, ich wußte nicht, daß ihr noch miteinander in Verbindung steht!" sagte Leona.

„Entschuldige, wir sind ja immerhin noch verheiratet!"

„Noch", sagte Leona.

„Also wirklich...", Susanne Heinzelmann schüttelte sich vor

„Leona, du bist genauso komisch, wie dein Vater dich geschildert hat", lachte Frau Heinzelmann

Lachen, „. . . deine Tochter ist genauso originell, wie du sie mir geschildert hast!"

„Ich bin nicht im geringsten komisch!" sagte Leona wütend.

„Habe ich das etwa gesagt?" Susanne Heinzelmann drehte sich wieder zu ihr herum und zeigte ihr fröhliches Gesicht. „Du bist nicht komisch, ganz und gar nicht, aber du hast so einen wunderbaren Humor!"

„Humor?" Das hatte Leona noch niemand gesagt.

„Ja, wirklich, so einen ganz trockenen Humor, der einen fast vom Stuhl wirft!"

„Ich finde", sagte Leona, die allmählich wütend wurde, „Sie sind ganz schön albern!"

Susanne Heinzelmann lachte noch mehr. „Deine Tochter ist wirklich entzückend, Peter!"

„Es war vielleicht keine so gute Idee mich zu begleiten!" meinte Herr Heuer unbehaglich.

„Aber wieso denn nicht! Ich amüsiere mich königlich!"

Leona hätte der vergnügten Frau Heinzelmann gern mit einem harten Gegenstand über den Kopf geschlagen, wenn sie einen zur Hand gehabt hätte. Aber das war nur ein flüchtiger Gedanke, den sie gleich wieder verwarf, weil sie sich eingestand, daß sie sich das doch nicht getraut hätte.

„Sind Sie sehr verliebt in meinen Vater?" fragte sie statt dessen.

„O nein, wir sind nur . . ." Susanne Heinzelmann unterbrach sich. „Doch, schon", gestand sie.

„Und es stört Sie gar nicht, daß er verheiratet ist?" fragte Leona zuckersüß.

„Selbstverständlich!"

„Warum haben Sie sich dann an ihn herangemacht?"

„Du brauchst ihr nicht zu antworten", sagte Herr Heuer.

„Ach, laß nur!" Susanne Heinzelmann drehte sich wieder zu Leona um. „Das ist so . . . alle netten Männer sind verheiratet,

87

weißt du. Schlimm. Du wirst das später auch noch erleben. Erst sind sie zu jung, und kaum kommen sie ins richtige Alter, dann hat man sie dir schon weggeschnappt."

„Mir kommen die Tränen", sagte Leona.

„Ich hoffe, jetzt habt ihr euch ausgesprochen!" Herr Heuer gab mehr Gas, als nötig gewesen wäre. „Wenn du es noch genauer wissen willst, Leona: Susanne und ich haben nicht die Absicht zu heiraten, auch wenn ich geschieden wäre."

„Wie tröstlich", sagte Leona.

Susanne Heinzelmann wurde ernst. „Sag mal, ist es dir eigentlich egal, ob dein Vater glücklich oder unglücklich ist?"

„Er gehört zu meiner Mutter."

„Ist das wirklich deine Überzeugung?" fragte Peter Heuer. „Dann hättest du dich aber anders verhalten sollen."

„Wie hat sie sich denn verhalten?" fragte Susanne Heinzelmann, bekam aber keine Antwort.

„Ich habe Fehler gemacht", sagte Leona, „das weiß ich heute."

„Na, immerhin schon etwas", sagte ihr Vater und lenkte das Auto behutsam an einer Gruppe Touristen vorbei, die mitten auf der Fahrbahn wanderten.

Endlich eine Rabensteinerin!

Gegen Mittag erreichten sie den Chiemsee. Der Tag war trübe, die Berge lagen in Wolken, und die schöne oberbayerische Landschaft zeigte nicht ihr freundlichstes Gesicht. Noch waren die Wiesen grau vom Winter, und an Büschen und Bäumen zeigte sich spärliches Grün. Das Wasser des Sees schlug unruhige Wellen, und nur ein einziges Segelboot, das gefährlich schräg vor dem Wind lag, war zu sehen.

Aber das Gasthaus, in das Frau Heinzelmann sie dirigierte, war gemütlich. Fast alle Tische waren besetzt, und es herrschte ein munteres Stimmengewirr. Doch zwischen Herrn Heuer, Frau Heinzelmann und Leona kam keine freundliche Stimmung auf. Das lag nur an Leona, die sich von ihrer widerborstigsten Seite gab. Sie wußte das selber, und sie genoß es. Sie fand, daß es ihrem Vater einfach nicht zustand, nachdem er sich von ihrer Mutter getrennt und sie ins Internat abgeschoben hatte, vergnügt und ohne Gewissensbisse mit einer anderen herumzukutschieren. Es tat ihr wohl, daß sie ihm mindestens diesen einen Sonntag gründlich versalzen konnte.

„Schade, daß du nicht allein gekommen bist", sagte sie, als sie bestellt hatten – Leona aus purem Trotz Wiener Schnitzel mit Pommes frites, obwohl sie damit rechnete, daß dieses Essen in dem Fischrestaurant nicht gut sein würde.

Susanne Heinzelmann stand auf. „Ich will euch gern Gelegenheit geben, euch auszusprechen." Sie nahm ihre Handtasche und verschwand in Richtung der Waschräume.

„Also . . . was hast du mir zu sagen?" fragte Peter Heuer.

„Ich? Dir?" Leona sah ihn mit großen Augen an.

„Du mußt doch einen Grund haben, Susanne wegzuekeln?"

„Hab ich das?"

„Also, wenn ich eines nicht ausstehen kann, dann das, daß du dich blöd stellst! Verbiestert warst du ja immer schon."

„War ich das?" fragte Leona, nun doch betroffen. „War ich das wirklich?"

„Na und ob! Deine Mutter ist ein liebes, sanftes Wesen! Wenn du sie nicht ständig gegen mich aufgehetzt hättest . . ."

„. . . hätte sie sich noch mehr von dir gefallen lassen", ergänzte Leona den abgebrochenen Satz.

Peter Heuer stellte das Glas, das er hatte zum Mund führen wollen, wieder auf den Tisch zurück. „Sag mal, kannst oder willst du nicht verstehen, daß wir, deine Mutter und ich, unser eigenes Leben führen wollen und führen müssen? Wir sind erwachsene Menschen! Und selbst wenn wir es nicht wären ... wie würde es dir gefallen, wenn wir ständig an deinen Freunden und Freundinnen herumkritisieren und dir vorschreiben würden, wie du sie zu behandeln hast? Ach, entschuldige, ich vergaß, daß du keine Freunde hast!"

Leona sprang auf. „Du bist gemein!"

„Na, vielleicht ist es doch ganz gut, daß ich mitgekommen bin!" Susanne Heinzelmann, die wieder aufgetaucht war, legte ihr die Hand auf die Schulter. „Als Blitzableiter sozusagen! Setz dich, Leona! Du wirst dir doch das gute Essen nicht verderben lassen wollen. Wie ist denn eigentlich die Küche in Rabenstein? Bist du zufrieden?"

Es gelang ihr, den Frieden oberflächlich wiederherzustellen. Aber während des gemeinsamen Essens blieb die Spannung zwischen Vater und Tochter spürbar.

Leonas Schnitzel war in Ordnung, aber die Pommes frites waren, wie vorausgesehen, viel zu weich, und Leona ärgerte sich, weil ihr Vater und Susanne Heinzelmann sich nicht genug tun konnten, ihre Renken, frisch aus dem Chiemsee gefangen, samt Petersilienkartoffeln und ausgelassener Butter bis in den Himmel zu loben.

Zum Abschluß bestellte Herr Heuer Käse, Frau Heinzelmann nahm einen Obstsalat und Leona einen Chiemseeschwan. Dieser Schwan entpuppte sich als eine ungeheure Angelegenheit, ein aus Brandteig schwanenförmig geformtes Gebäck, gefüllt mit Eis und Schlagsahne. Leona verputzte ihn bis auf den letzten Krümel.

„Ich staune über deinen Appetit!" sagte der Vater.

Leona leckte sich die Lippen. „Stört es dich, wenn es mir schmeckt?"

„Das kommt vom Internatsessen", erklärte Susanne Heinzelmann.

„Waren Sie schon mal im Internat?" fragte Leona.

Gleichzeitig wollte ihr Vater wissen: „Soll das heißen, daß ihr auf Rabenstein nicht genug zu essen bekommt?"

Frau Heinzelmann beantwortete beide Fragen: „Nein, aber ich habe jahrelang in der Kantine gegessen, und ich weiß, daß die beste Massenabspeisung auf die Dauer fad wird."

Leona hatte der Chiemseeschwan so gut geschmeckt, daß sie am liebsten zwei davon für ihre Freundinnen mitgenommen hätte. Aber das ging nicht gut, da das Eis den Transport bestimmt nicht überstanden hätte. Doch sie wußte, daß Alma und Sabine sehr enttäuscht sein würden, wenn sie ihnen nichts von diesem Ausflug mitbrachte.

„Meinst du, daß es hier auch Schokolade gibt?" fragte sie, als ihr Vater die Rechnung bezahlte.

„Ja, die haben wir", erklärte die freundliche Kellnerin, „vorne am Büfett! Ich kann Ihnen aber auch eine Auswahl bringen!"

„Am liebsten hätte ich eine mit Nuß und eine etwas bittere", sagte Leona.

„Für was brauchst du Schokolade?" fragte ihr Vater.

„Für meine Freundinnen", sagte Leona mit steinernem Gesicht.

„Seit wann hast du Freundinnen?"

Susanne Heinzelmann mischte sich ein. „Tut mir leid, Peter, vielleicht hast du jetzt den Eindruck, daß ich dir in den Rücken falle. Aber ich finde deine Art, Leona zu behandeln, ganz und gar nicht gut. Möglich, daß sie Schwierigkeiten hat, Kontakte mit Gleichaltrigen zu finden. Das ist aber doch kein Grund, dauernd darauf herumzutrampeln."

„Diese Schwierigkeiten", sagte Leona, und ihre grauen Augen wurden schmal, „sind dank der Fürsorge meiner überaus gütigen Eltern inzwischen behoben. Sie haben mich nämlich gezwungen ... ich betone: gezwungen ... ein Dreierzimmer zu beziehen. Und wenn man mit zwei anderen Menschen in einer winzigen Bude zusammen hausen muß, entwickeln sich die Beziehungen ja zwangsläufig, wenn auch vielleicht in der Form, daß man einander die Pest an den Hals wünscht."

Susanne Heinzelmann schlug die Augen nieder und drehte ihre Papierserviette zusammen. Es war ihr anzumerken, wie schwer es ihr fiel den Mund zu halten.

„Du gibst also zu, daß wir richtig entschieden haben", sagte Peter Heuer.

„Ach, du kannst mich doch mal!" Leona sprang auf. „Ich geh jetzt nach vorn und suche die Schokolade aus!" Langbeinig stelzte sie zum Büfett.

„Tut mir leid, Peter", sagte Susanne Heinzelmann, „ich kann nicht finden, daß du deine Tochter richtig behandelst."

„So? Kannst du nicht! Warum um Himmels willen habe ich dich mitgenommen? Dieses Biest hat es doch schon seit jeher verstanden, einen Keil zwischen mich und jeden anderen Menschen zu schieben... aber daß es auch bei dir gelingen würde, hätte ich nicht erwartet!"

„Peter, bitte, kannst du die Dinge denn nicht objektiv sehen!?"

Als Leona mit ihren beiden Tafeln Schokolade zurückkam, merkte sie schon von weitem, daß ihr Vater und seine Freundin in den schönsten Streit verwickelt waren und sie freute sich diebisch.

Aber sie ließ sich ihre Schadenfreude nicht anmerken, sondern setzte ihr ausdruckslosestes Gesicht auf und sagte damenhaft: „Ich hoffe, ich störe nicht", bevor sie sich niederließ.

„Und wie du störst!" fuhr der Vater sie an.

„Peter, das geht denn doch zu weit!" rief Susanne Heinzelmann.

„Du hättest mich ja nicht zu besuchen brauchen!" Leona ärgerte sich, weil ihre Stimme zitterte.

„Nein, das hätte ich nicht, du hast ganz recht!" Peter Heuer schob seinen Stuhl zurück und stand auf. „Aber ich hatte Sehnsucht nach dir... stell dir das bloß vor! Sehnsucht nach meinem lieben, süßen Töchterchen! Ich hatte ganz vergessen, wie du wirklich bist!"

„Peter!"

„Das kann mir nicht passieren", erklärte Leona wütend, „nur keine Bange! Ich werde nie vergessen, wie du mich abgeschoben hast! Und wenn du dir einbildest, daß mit einer Sonntagsmittagseinladung wieder alles gut ist, bist du schiefgewickelt!"

„Peter! Leona!" flehte Susanne Heinzelmann. „Bitte, seid friedlich!"

„Regen Sie sich ab", sagte Leona, „das ist unser normaler Familienumgangston! Wenn Sie Absichten auf meinen Vater haben, werden Sie sich daran gewöhnen müssen. Du gibst mir doch das Geld für die Schokolade zurück, bitte, ja, Vati? Ich habe zwei Mark und sechzig ausgelegt."

Schweigend suchte Peter Heuer das Geld aus seinem Portemonnaie, und schweigend verlief die Rückfahrt zum Landschulheim.

Es wurde Leona nicht bewußt, aber sie atmete auf, als sie endlich wieder in Rabenstein ankam.

Aber sie war immer noch wütend – wütend auf ihren Vater, weil er sie nicht allein besucht hatte, und wütend, weil er sie vor seiner Freundin ausgeschimpft hatte.

Sie spürte ein heftiges Bedürfnis, es ihm heimzuzahlen.

Alma und Sabine waren nicht auf dem Zimmer. Leona war froh darüber. Sie verteilte die Schokoladentafeln auf die Betten – die süße bekam Sabine, die bittere Alma – trat ans Fenster und starrte hinaus. Die Wolken hingen heute so tief, daß die Gipfel der Berge darin verschwanden.

93

Leona holte einen Schreibblock aus ihrer Schulmappe und setzte sich an den Tisch. Sie nahm einen Filzstift und schrieb mit dicken schwarzen Buchstaben: „Liebe Mutti, heute ist Vati hiergewesen und hat mich zum Mittagessen abgeholt. Aber er war nicht allein, sondern mit einer Freundin. Susanne Heinzelmann heißt sie, und ist ein schicke Person. Ich finde, du solltest . . ."

Mitten im Satz ließ Leona den Filzstift sinken. Was sollte das eigentlich? Ihre Mutter · hatte dem Vater die Freiheit wiedergegeben, und er konnte damit machen, was er wollte. Vielleicht würde sie unglücklich sein, wenn sie erfuhr, daß er eine Freundin hatte, vielleicht aber auch nicht. Es war sehr gut möglich, daß sie längst davon wußte. Dann würde sie, Leona, mal wieder als der große Störenfried dastehen.

Was versprach sie sich überhaupt von diesem Brief? Wollte sie der Mutter helfen? Nein, Leona machte sich nichts vor. Helfen konnte sie ihr damit nicht, sondern sie höchstens beunruhigen. Und was konnte sie ihr schon raten? Gar nichts. Sie hatte nicht einmal die leiseste Vorstellung, was ihre Eltern heute noch füreinander empfanden oder was sie je füreinander empfunden hatten.

Leona dachte über sich selber nach. Nein, es stimmte nicht, was ihr Vater ihr vorwarf: Sie hatte nie versucht, einen Keil zwischen ihre Eltern zu schieben. Jedenfalls hatte sie das nie mit Absicht getan.

Aber − und das erkannte sie jetzt, zum erstenmal, ganz klar − sie hatte sich dauernd in Dinge gemischt, die sie nichts angingen. Sie hatte sich angemaßt, ihre Mutter mit Ratschlägen zu versorgen, obwohl sie selber ja noch gar keine Erfahrungen hatte. Sie war mitschuldig daran, daß die Ehe ihrer Eltern in eine Krise geraten war. Im Grunde genommen hatte sie es sich selber zuzuschreiben, daß sie ins Internat abgeschoben war.

Das war eine bittere, aber auch eine befreiende Erkenntnis. Leona vergoß ein paar Tränchen, und danach fühlte sie sich besser. Sie riß den begonnenen Brief vom Block, zerknüllte den Bogen und warf ihn in den Papierkorb.

Plötzlich fühlte sie sich sehr unternehmungslustig. Aber was konnte sie tun. Das Wetter lockte nicht gerade zum Spazierengehen. Leona lief hinunter, um das Schwarze Brett zu studieren, an dem getippte und handgeschriebene Zettel aufgehängt waren, mit denen die verschiedenen Veranstaltungen angekündigt wurden.

Heute, am Sonntag nachmittag, gab es ein Treffen des Theatervereins, die Vorführung eines Films über Brasilien mit anschließender Diskussion und — ja, das war das Richtige! — Öffnung des Schwimmbades für Jungen und Mädchen, unter Aufsicht von Frau Wegner und Herrn Ahlers.

Egal, ob die Freundinnen dort waren, sie, Leona, hatte jedenfalls mächtige Lust, schwimmen zu gehen. In großen Sätzen sprang sie die Treppe wieder hinauf, zog sich rasch den Badeanzug an, den Trainingsanzug darüber, tat ihre Unterwäsche, Badekappe und ein Frottiertuch in eine große gelbe Leinentasche, nahm den Bademantel über den Arm und rannte wieder hinunter.

Als sie durch den Park lief, fiel ihr Regen auf den Kopf, und sie freute sich. Gerade bei Regen würde das Schwimmen in dem geheizten Bad besonderen Spaß machen. Sie versuchte ein paar Tropfen mit der Zunge zu erwischen, aber es gelang ihr nicht.

Im Bad brannte Licht, und durch die gläsernen Wände konnte sie schon von außen bunte, sich bewegende Gestalten erkennen. Dann stieß sie die Tür des runden Gebäudes auf, und Lärm, Lachen und Stimmengewirr schlug ihr entgegen, zugleich mit einem Schwall warmer, feuchter, nach Chlor riechender Luft.

Wie sie erwartet hatte, war sie nicht die einzige, die sich an diesem trüben Sonntag nachmittag entschlossen hatte, schwimmen zu gehen. Viele Rabensteiner, die nicht zu ihren Eltern gefahren waren, hielten sich im Bad auf.

Ilse Moll posierte in einem winzigen blitzblauen Tanga am Rande des Beckens nahe dem Sprungbrett, der ihre Formen mehr enthüllte als verbarg. Ihr blondes Haar war, wie immer, kunstvoll frisiert. Anscheinend wollte sie sich nur in voller Schönheit zur Schau stellen und dachte gar nicht daran, sich ins Wasser zu wagen. Leona fand sie ungemein albern und verstand gar nicht mehr, wie sie überhaupt nur hatte daran denken können, sie zur Freundin zu nehmen.

Einen Augenblick blieb sie zögernd im Eingang stehen, versuchte die ganze Szene zu übersehen und überlegte, wohin sie sich wenden sollte. Niemand beachtete sie, und das tat weh.

In diesen Minuten wurde Leona klar, daß sie wirklich sehr wenig Talent hatte, mit jungen Leuten Kontakt zu bekommen. Zu ihrer eigenen Überraschung wünschte sie sich das plötzlich sehr. Aber es gab niemanden, der ihr gesagt hätte, wie sie das anfangen sollte.

Wie sie noch so dastand, fiel ihr auf, daß eine Gruppe Jungen sich auflöste. Kurt Büsing und Klaus Voss begannen, jeder in anderer Richtung, um das Becken zu gehen. Leona schien es, als führten sie etwas im Schilde.

Kurt Büsing erreichte Ilse Moll und trat dicht auf sie zu. „Na, Süße", fragte er, „wie wär's mit einem Küßchen?"

„Angeber!" zischte sie verächtlich.

„Immer sachte!" Kurt Büsing sah ihr grinsend in die Augen.

Plötzlich erkannte Leona, worauf die Jungen hinauswollten: Kurt Büsing hatte vor, Ilse Moll abzulenken, damit Klaus Voss sie rempeln konnte.

„Ilse!" rief sie. „Achtung!"

Aber da war es schon zu spät. Klaus war es gelungen, sich an Ilse heranzupirschen und sie ins Wasser zu stoßen. Die Umstehenden lachten.

Ilse tauchte unter, und als sie wieder hochkam, hatten sich ihre Locken in dunkle Strähnen aufgelöst. „Hilfe!" schrie sie. „Mein Bein!"

Die anderen glaubten, daß sie sich nur wichtig machen wollte und lachten noch mehr.

Nur Leona erschrak. Sie hatte selber schon einmal einen Krampf im Bein gehabt und wußte, wie hilflos man damit im Wasser war. Ohne zu überlegen, ließ sie ihre Badetasche fallen, nahm Anlauf und sprang, so wie sie war, im Trainingsanzug, Ilse nach.

Ilse schlug mit den Armen um sich, zappelte und ging unter.

„Bleib ruhig, Ilse!" rief Leona ihr zu, „ich komme!" Es gelang ihr, Ilse von hinten unter die Arme zu greifen. „Hör auf mit der Strampelei, ich halte dich ja schon!"

Ja, sie hielt Ilse wirklich, aber sie mußte erkennen, daß damit noch nicht viel geholfen war. Ilse hatte Wasser geschluckt, sie hatte keinen Atem mehr, und ihr Gewicht drückte Leona beinahe unter Wasser. Sie konnte jetzt nur noch mit den Beinen schwimmen, und es bedeutete eine gewaltige Anstrengung für sie, Ilse in Richtung auf die Leiter zu dirigieren.

„Hör auf mit der Strampelei, ich halte dich ja!"

Mit unendlicher Erleichterung sah sie Tina Wegner, die Sportlehrerin und Gruppenleiterin, neben sich auftauchen; ihr ebenmäßiges Gesicht wirkte sehr schmal unter der Badekappe.

„Ganz ruhig, Ilse!" mahnte auch sie. „Und du, Leona, laß den einen Arm los und nimm den anderen von vorn, ja, den rechten, ich den linken . . . zu zweit schaffen wir es!"

Jetzt war es nicht mehr schwer. Viele helfende Hände streckten sich ihnen an der Leiter entgegen, und mit vereinten Anstrengungen gelang es, Ilse hinaufzuhieven. Wenig später lag das große Mädchen auf einer Badematte, und Frau Wegner massierte ihr den Unterschenkel.

Leona streifte ihren Trainingsanzug ab. „Ich dachte mir, daß sie einen Krampf hatte", sagte sie.

Frau Wegner sah zu ihr auf. „Gut gemacht, Leona . . . das war sehr bedacht und beherzt von dir!"

„Danke, Leona!" brachte Ilse mühsam und mit blauen Lippen hervor.

Alle standen um die kleine Gruppe herum, und Leona fühlte, wie sie rot wurde. Sie war es nicht gewohnt, im Mittelpunkt der Aufmerksamkeit zu stehen. „Da ich nun schon mal naß bin, kann ich ja auch gleich selber schwimmen gehen", sagte sie und sprang abermals ins Wasser.

Jetzt hatte sie die Lacher auf ihrer Seite. Mit großen Zügen schwamm sie, legte sich auf den Rücken und starrte zu der gläsernen Kuppel empor, auf die jetzt wirklich ein erlösender Regen klopfte. Sie war ganz berauscht von dem herrlichen, unbekannten Gefühl, beliebt zu sein.

Als sie wieder aus dem Wasser stieg, wollte Helmer Theiss die gleiche Leiter hinuntersteigen. Er blieb stehen, um ihr Platz zu machen. Einen Augenblick standen sie einander gegenüber, und sie sah in seine schönen, dunkelblauen Augen. Es war ihr, als wollte er etwas sagen, aber er brachte die Zähne nicht auseinander.

Ihr Herz klopfte heftig. Helmer sah so gut aus mit seiner glatten bräunlichen Haut und dem schwarzen, leicht gelockten Haar. Auch sie suchte nach Worten, aber sie wußte nicht, was sie sagen sollte.

So blieben sie denn stumm, sahen sich an und – anstatt zu klettern, wie er es bisher vorgehabt hatte – sprang Helmer mit einem Kopfsprung ins Wasser.

Leona sah ihm nach.

„Na, hat's dich erwischt?"

Es dauerte eine Weile, bis Leona die Frage verstand und begriff, wer mit ihr redete. Es war Alma, die ihr einen trockenen Bademantel hinhielt. Sabine stand neben ihr, und beide lächelten ihr zu.

„Erwischt? Wieso?" stotterte sie. „Wie ... wie kommt ihr darauf?"

„Du siehst geradeso aus", sagte Sabine.

„Wie eine, die sich verliebt hat!"

„Was für eine blöde Idee!" protestierte Leona, konnte aber nicht verhindern, daß sie dunkelrot wurde.

„Mach dir nichts draus", riet Alma friedfertig, „wir wollen dich nur ein bißchen aufziehen."

„War's schön mit deinem Vater?" fragte Sabine.

„Ging so", erwiderte Leona ausweichend, weil sie fürchtete, daß die Freundinnen für ihr Benehmen wohl kaum Verständnis haben würden. „Ich hab euch jeder 'ne Tafel Schokolade mitgebracht."

„Lieb von dir!" rief Sabine.

„Langsam kriegst du geradezu menschliche Züge", meinte Alma. „Setz dich zu uns!"

Vorhin noch hätte sie sich über diese Aufforderung gefreut. Jetzt wäre sie lieber allein geblieben. Aber sie hatte gelernt, daß man, wenn man nicht gemieden werden wollte, seine Mitmenschen nicht vor den Kopf stoßen darf.

So holte sie denn ihre Tasche, breitete ihr Frottiertuch aus und machte es sich neben den Freundinnen bequem. Aber ihre Gedanken kreisten um Helmer.

Seit jenem Zwischenfall im Bad, bei dem sie Ilse Moll gerettet hatte, begann Leona sich im Landschulheim wesentlich wohler zu fühlen. Sie war jetzt kein Niemand mehr. Jeder ihrer Mitschülerinnen und Mitschüler wußte jetzt, wer sie war, denn natürlich hatten diejenigen, die es miterlebt hatten, den anderen bei nächster Gelegenheit von dem Ereignis erzählt.

Leona war dankbar, daß ihr das Schicksal diese Gelegenheit geschenkt hatte, sich hervorzutun. Sie wußte, ohne Ilses Krampf im Bein hätte sie noch Wochen, vielleicht sogar Monate gebraucht, um als Rabensteinerin anerkannt zu werden. Aber sie nahm sich auch sehr zusammen, um nicht wieder in Mißkredit zu fallen. Vorbei war die Zeit, wo sie jedem, der nett zu ihr sein wollte, fauchend die Zähne gezeigt hatte.

Zu Hause bei ihren Eltern, oder, besser gesagt, allein mit ihrer Mutter, denn der Vater war ja gewöhnlich erst spät nach Hause gekommen, hatte sie jeder Laune nachgeben können. In einer so großen Gemeinschaft wie auf Rabenstein, begriff sie, war das nicht möglich. Hier mußte jeder und jede versuchen, sich selbst zu beherrschen und für den anderen dazusein, wenn er ihn brauchte.

Leona hatte ihren Platz im Landschulheim gefunden, und sie war froh darüber, aber glücklich, nein, glücklich war sie beileibe nicht. Sabine und Alma waren nett zu ihr, das waren sie ja von Anfang an gewesen. Und doch fühlte sich Leona immer noch in ihrem Bund als überflüssige Dritte. Die Freundinnen ließen sie es nicht spüren, aber es lag für Leona auf der Hand, daß sie sie nicht brauchten. Wäre sie von heute auf morgen auf ein anderes Zimmer verlegt worden, so dachte Leona, hätten die beiden das nur als Erleichterung empfunden.

Wohin sie auch immer ging, ob im Gemeinschaftsraum, im Park, im Bad, im Speisesaal, im Burghof, überall wurde sie mit einem Hallo und einem Lächeln begrüßt. Sie gehörte jetzt dazu. Dennoch waren ihre Beziehungen zu den anderen so oberflächlich, daß es sie schmerzte.

Die Erinnerung an die vertraulichen Gespräche mit ihrer jungen Mutter, an die gegenseitigen Geständnisse ihrer Wünsche, Sehnsüchte und Hoffnungen, ließ sich so leicht nicht vergessen, und Rabenstein bot ihr keinen vergleichsweisen Ersatz dafür.

Auch die Briefe der Mutter brachten ihr nichts. Sie waren eben keine Freundinnenbriefe mehr, sondern richtige Mutterbriefe, in denen Irene Heuer sich nach Leonas Befinden erkundigte, ihr gute Ratschläge gab und ihr Mut zu machen versuchte. Über sich selber plauderte sie nur oberflächlich dahin. Sie ließ sich keine Klage über den Vater mehr entschlüpfen, kein Laut über ihre Einsamkeit und kein Bericht über neu gewonnene Beziehungen zu anderen Frauen. So kam es, daß die Mutter Leona weit entrückt schien. Sie begriff, daß es nie mehr so werden würde, wie es einmal gewesen war.

Leonas innere Leere war so groß, daß Helmer Theiss einen weiten, weiten Platz in ihrem Herzen fand. Der gut aussehende Junge hatte ihr schon am ersten Tag gefallen, als Klaus Voss sie im Spaß in sein Zimmer geführt hatte. Aber seit jenem Blicketausch im Schwimmbad, mehr war es ja nicht gewesen, begannen alle ihre Gedanken mehr und mehr um ihn zu kreisen.

Wie schön wäre es gewesen, ihn zum Freund zu haben!

Aus diesem erst nebelhaften Wunsch wurde dann sehr bald ein ganz klares Ziel: Sie wollte Helmers Freundschaft erringen.

Dazu mußte sie ihn aber erst einmal auf sich aufmerksam machen, und wie sollte sie das anfangen!? Helmer Theiss besuchte eine höhere Klasse als sie selber, und damit fingen die

Schwierigkeiten schon an. Er schien sich noch gar nicht für Mädchen zu interessieren, das war einerseits tröstlich, andererseits erleichterte diese Einstellung es nicht gerade, an ihn heranzukommen.

Überdies war er fast nie allein, sondern immer von einer Horde gleichaltriger Jungen umgeben.

Leona bemühte sich, ihm sooft wie möglich über den Weg zu laufen. Wenn es ihr gelang, seinen Blick abzufangen und ihm ein Lächeln zu schenken, buchte sie das schon als Erfolg. Nie kam sie dazu, ein Wort mit ihm zu wechseln. Aber immerhin war sie mit ihrer Jagd auf den schönen Helmer so beschäftigt, daß ihr die Wochen wie im Flug vergingen und sie ihr Heimweh vergaß.

Ein Streich muß durchkreuzt werden

Von Tag zu Tag wurde es wärmer, der Frühsommer zog ins Land, und auch auf den höchsten Gipfeln schmolz der Schnee.

In ihren Briefen riet Frau Heuer ihrer Tochter eindringlich, doch die Gelegenheit zu nutzen und Tennisunterricht zu nehmen. Aber Leona hatte keine Lust. Sie war nicht sehr sportlich und sah keinen Sinn darin, sich wegen nichts und wieder nichts so abzurackern.

Bis sie entdeckte, daß Helmer Theiss Tennis spielte. Sofort meldete sie sich bei Frau Tina Wegner zum Unterricht an. Zweimal in der Woche nahm sie Stunden, und zwischendurch spielte sie gegen die Übungswand. Sie war wirklich mit Feuereifer dabei, doch ihr Ziel, ein Match mit Helmer zu spielen, blieb in weiter Ferne. Er war nämlich ein ausgezeichneter Spieler, und bis sie, die Anfängerin, ihn erreicht hatte, würde noch viel Zeit vergehen.

Wenigstens aber konnte sie ihm auf dem Tennisplatz nahe sein und sich ihm in ihrem kleidsamen, winzigen weißen Röckchen präsentieren, das ihre langen, schon gebräunten Beine voll zur Geltung brachte.

Eines Tages nutzte sie die Gelegenheit, sich auf einer Bank an einem der Plätze niederzulassen, wo Helmer Theiss und Kurt Büsing gerade ein Doppel gegen zwei andere Jungen austrugen.

Das blonde Haar mit einem leuchtend roten Band zurückgebunden, das Rackett spielerisch drehend, die Beine weit von sich gestreckt, eine riesige, hypermoderne Sonnenbrille auf der Nase, kam Leona sich sehr attraktiv und interessant vor.

Die Jungen rannten hin und her, und Leona sah, daß Helmers Beine gerade und muskulös waren. Sein ebenmäßiges Gesicht war vor Anstrengung leicht verzerrt. Noch nie war er ihr so begehrenswert erschienen.

Als das Match zu Ende war – Kurt Büsing und Helmer hatten gewonnen –, fand sie den Mut, ihnen zuzuklatschen und „Bravo" zu rufen.

Helmer Theiss blickte sie, wie es seine Art war, ernsthaft aus seinen schönen, dunkelblauen Augen an, bevor er sich ein Frottiertuch schnappte, um sich abzutrocknen. Dann sprang er elegant über das Netz – vielleicht doch eine kleine Demonstration, um ihr zu imponieren – und zog mit den anderen Jungen ab.

Es war Kurt Büsing, der bei ihr stehenblieb.

„Na, Schätzchen", sagte er grinsend, „bist du immer noch hinter mir her?"

Leona sprang auf. „Du mußt verrückt geworden sein!"

„Nun hab dich man nicht, Kleine!" Kurt hielt Leona am Arm zurück. „Wegen nichts und wieder nichts lungerst du doch hier nicht dauernd herum!"

„Ich spiele Tennis!" fauchte Leona.

„Tu ich doch auch!" Kurt klopfte sich gemütlich auf den Bauch. „Ich will meine Wampe loswerden. Aber deshalb drück ich mich nach dem Spiel nicht noch stundenlang hier rum."

„Ich wollte euch zusehen . . . ist was dabei?"

„Schätzchen, Schätzchen, warum sagst du nicht die Wahrheit?" Er legte den freien Arm um ihre Schulter. „Zum guten Onkel Kuddel kannst du doch Vertrauen haben."

„Laß mich!" Leona versuchte sich loszureißen. „Du hast ja 'ne Meise!"

„Im Gegentum. Ich bin der geborene Menschenkenner. Du hast ein Auge auf unseren schönen Helmer geworfen. Stimmt's oder hab ich recht?"

Leona wollte schon heftig leugnen, dann besann sie sich eines Besseren. Bis jetzt hatte sie allein versucht, an Helmer heranzukommen, und hatte nichts erreicht. Vielleicht konnte Kurt ihr helfen.

„Ich finde ihn ganz nett", gab sie widerstrebend zu.

„Ist er auch. Genau das ist er: ganz nett. Das ist aber auch alles."

„Du magst ihn nicht?" Leona genoß es, mit jemandem über Helmer sprechen zu können.

„Doch. Es ist nichts an ihm auszusetzen. Nur . . . ein Traumjunge wie du dir einbildest, ist er bestimmt nicht."

„Habe ich irgend etwas von Traumjungen gesagt? Ich finde ihn nett, und damit hat's sich."

Kurt Büsing wurde ernst. „Er ist es nicht wert, daß du ihm nachläufst, Leona."

„Du spinnst!" rief Leona aufgebracht, aber als Kurt Büsing sie nur schweigend betrachtete, wurde sie kleinlaut. „Merkt man's so sehr?"

„'Man' hoffentlich nicht, aber ich. Du weißt doch, was ich dir gesagt habe, als du den ersten Tag auf Rabenstein warst . . . ich finde dich super!"

„Hör auf mit dem Quatsch!"

Sie hatten die Tennisplätze verlassen und wandelten jetzt durch den Park, in dem die Rosen, rote, gelbe und weiße, zu blühen begannen und einen wunderbaren Duft ausströmten.

„Warum willst du nicht hören, daß mir was an dir liegt?"

Sie hob das Gesicht zu ihm. „Am ersten Tag hast du mich reinlegen können, aber jetzt weiß ich Bescheid. Du bist einer, der mit jeder anbandeln will."

„Dir könnte ich treu sein."

„Wer's glaubt, wird selig!"

„Paß auf, Leona", sagte Kurt Büsing, „ich werde dir beweisen, wieviel du mir bedeutest! Ich werde dich mit deinem geliebten Helmer zusammenbringen. Was sagst du jetzt?"

Leonas Herz begann höher zu schlagen. „Das würdest du wirklich tun?"

„Ja, unter einer Bedingung: Du gibst mir einen Kuß dafür!"

„Kannst du haben!" Leona hob sich auf die Zehenspitzen und gab Kurt rasch, ganz rasch einen Kuß auf die Wange.

„So nicht!"

Sie wollte davonlaufen, aber er hielt sie fest.

„Ich will einen richtigen Kuß!"

Leona sah sich um.

Noch war heller Tag, und im Park wimmelte es von jungen Leuten. Es bestand also keine Gefahr, daß irgend etwas geschah, was sie selber nicht wollte. Am liebsten hätte sie Kurt eine pampige Antwort gegeben, aber sie dachte mit klopfendem Herzen an Helmer.

„Hör mal, Kurt, ich habe dich sehr gern", sagte sie diplomatisch, „aber küssen tut man doch nur, wenn man verliebt ist!"

„Ich bin in dich verliebt, Leona, das habe ich dir gleich am ersten Tag gesagt, und es war kein Witz."

„Quatsch!" Leona konnte nicht länger an sich halten. „Es ist doch allgemein bekannt, daß du jeder nachsteigst."

„Vielleicht bin ich in jede von euch Bienen verliebt!" Kurt grinste. „Ist ja auch egal, jedenfalls: Ohne Belohnung gibt es keinen Helmer!"

Jetzt verlor Leona die Geduld. „Du weißt also gar nicht, daß du mir noch einen Gefallen schuldig bist!"

„Ich . . . dir?" fragte Kurt perplex.

„Und ob!" Leona erzählte ihm die Geschichte, wie Ilse Moll ihn in die Schreinerwerkstätte gelockt hatte, um in einer verfänglichen Situation erwischt zu werden, und wie sie, Leona, entschlossen gewesen war, ihn zu warnen, bevor wirklich etwas passierte. „Aber dann", schloß sie, „hast du ja selber einen Rückzieher gemacht, als sie sich die Bluse ausziehen wollte."

„Sie hatte es also gar nicht auf meine schönen blauen Augen abgesehen?" fragte Kurt erschüttert.

„Nein, sie wollte bloß von der Schule fliegen."

Kurts sonnengebräuntes Gesicht lief rot an. „Na warte, die Kanaille!" Er fuchtelte drohend mit der Faust gegen die nicht anwesende Ilse Moll. „Dir zahl ich's heim!"

Leona wurde es unbehaglich. „Hör mal, Kurt, ich habe dir das nicht erzählt, damit du dich an Ilse rächst, sondern . . ."

Aber Kurt hörte gar nicht mehr zu. „Die kann was erleben!" brüllte er und stürmte davon.

Leona folgte ihm langsam in Richtung Schloß. Sie hatte das Gefühl, wieder einmal alles falsch gemacht zu haben.

Besorgt und mit schlechtem Gewissen wartete Leona in den nächsten Tagen darauf, daß irgend etwas mit Ilse Moll passierte. Aber das Leben auf Burg Rabenstein verlief genauso friedlich und harmonisch wie immer. Es tat sich überhaupt nichts Aufregendes, und auch Kurt Büsing war ganz wie immer.

Dennoch war Leona beunruhigt, und zwar so sehr, daß selbst Helmer ihr nicht mehr so wichtig erschien.

Nach einer Nacht, die sie zwar nicht schlaflos, aber doch immer wieder aufwachend verbracht hatte, entschloß sie sich, mit Ilse zu reden. Sie fing das große Mädchen nach dem Mittagessen ab. „Moment mal, Ilse . . ."

Gegen ihre sonstige Art hatte Ilse es eilig; sie hatte ein zusammengerolltes Handtuch unter dem Arm. „Was gibt's?" fragte sie und warf gleichzeitig einen Blick auf ihre Armbanduhr.

„Du, ich glaube, ich habe eine Riesendummheit gemacht!"

„Ach ja?" fragte Ilse ohne jedes Interesse.

„Ich habe Kurt erzählt, warum du ihn damals in die Werkstatt gelockt hast!"

Das Geständnis fiel Leona sehr schwer, und sie erwartete, daß Ilse zumindest einen Wutanfall bekommen würde. Aber nichts dergleichen geschah.

„Na, wenn schon", sagte sie nur obenhin, „der wird's schon nicht rumerzählen. Er hat sich ja selber ganz schön blamiert bei der Geschichte!"

„Er will sich rächen, Ilse!"

„So? Will er? Na, dann soll er's doch mal versuchen, mit dem Kaffer nehme ich es immer noch auf."

„Er war auf hundertfünfzig!"

Ilse tätschelte ihr herablassend die Wange. „Reg dich ab, Kleine, ist alles halb so wichtig. Bis später. Muß mir unbedingt die Haare waschen."

Leona war erleichtert, daß sie es hinter sich gebracht hatte. „Na, jedenfalls habe ich dich gewarnt."

„Hast du. Und wenn er mir ein Beinchen stellt, brauchst du dir keine Vorwürfe zu machen." Ilse lachte. „Ach, Leona, du kleines Schaf, wenn du wüßtest, wie glücklich ich bin!"

Leona, die Ilses herablassendes Getue gräßlich fand, fragte in entsprechendem Ton: „So? Bist du?"

„Ach, Leona, wenn du nur wüßtest . . ."

„Bis später dann!" Leona wandte sich ab.

Ilse legte ihr die Hand auf die Schulter und hielt sie zurück. „Interessiert es dich denn gar nicht, was ich erlebt habe?"

„Ich dachte, du müßtest los?"

„Sei doch kein Frosch." Ilse legte ihren Mund dicht an Leonas Ohr und flüsterte: „Ich bin verabredet!"

„Glückwunsch!" sagte Leona kalt.

„Und rate einmal mit wem!"

Plötzlich stieg ein Verdacht in Leona auf, und Angst ließ ihre Stimme zittern: „Etwa mit . . . Helmer Theiss?"

„Mit dem?" Ilse Moll verfiel in ein affektiertes Gelächter. „Der ist doch noch ein Baby!"

„Das kannst du nicht sagen!" verteidigte Leona ihn. Aber sie war so erleichtert, daß sie Ilses abfällige Worte nicht übelnahm.

„Rate noch mal!"

„Unmöglich. Ich kenne dreißig Jungen, die alle für dich in Frage kämen."

„Hast recht, du kämst nicht drauf!" Wieder legte Ilse den Mund an Leonas Ohr. „Andreas München!" flüsterte sie.

„Was!?" Leona riß vor Verblüffung die Augen auf.

„Da staunste, was? Jetzt verstehst du wohl auch, warum ich mich so schön wie möglich machen will!" Ilse tänzelte in Richtung auf die Baderäume im Kellergeschoß davon.

Leona war überwältigt, daß sie wie angewurzelt stehenblieb. Andreas München! Ausgerechnet! Andreas sah nicht nur fabelhaft aus, er war auch schon achtzehn, ein großartiger Sportler und intelligent dazu. Kein Wunder, daß einige der jüngeren Mädchen für ihn schwärmten und unter den gleichaltrigen ihn mehr als eine liebend gern zum Freund gehabt hätte. Auch Leona selber gefiel er, aber sie hätte nie gewagt, an ihn auch nur zu denken. Andreas kümmerte sich um Mädchen überhaupt noch nicht. Er ging ganz in der Schule, in der Kameradschaft zu den anderen Jungen und im Sport auf.

Und ausgerechnet dieser Andreas sollte ein Auge auf die verdrehte Ilse Moll geworfen haben! Das konnte nicht mit rechten Dingen zugehen.

Leona hatte das Bedürfnis, mit jemandem über Andreas Münchens plötzliches Interesse an Ilse Moll zu reden. Sie machte sich auf die Suche nach Alma und Sabine. Nach einigem Suchen fand sie sie.

Auf einer der großen Rasenflächen hatten sie es sich bequem gemacht. Sie hatten ihre Decke so hingelegt, daß Alma in der prallen Sonne liegen konnte, Sabine aber, die empfindlich war, im Schatten eines Busches. Beide hatten Bikinis an, Sonnenbrillen auf der Nase und schmökerten.

„Da seid ihr ja!" rief Leona und ließ sich mit gekreuzten Beinen auf eine freie Ecke der Decke nieder. „Entschuldigt, daß ich euch störe, aber ich muß euch was erzählen!"

Begeistert hörten sich die Freundinnen den neuesten Klatsch von Rabenstein an

„Schieß los!" ermunterte Alma sie.

Sabine klappte ihr Buch zu und richtete sich auf.

Leona berichtete die ganze Geschichte von Anfang an, und die Freundinnen hörten ihr aufmerksam zu, denn Klatsch war auf Rabenstein immer willkommen. Aber Leonas Sorge teilten sie nicht.

„Laß sie doch!" sagte Alma. „Eine kleine Abkühlung kann der gar nicht schaden!"

„Finde ich auch", meinte Sabine, „sie ist groß genug, auf sich selbst aufzupassen."

„Aber ihr hättet bloß mal erleben sollen, wie wütend Kurt war! Ich wette, der hat Andreas aufgehetzt. Die Jungen halten doch immer zusammen."

„Schön blöd, wenn Ilse auf so etwas reinfällt", sagte Alma.

„Das kommt bloß, weil sie sich so maßlos überschätzt!" stimmte Sabine ihr zu. „Sie hält sich für 'ne Sexbombe und 'ne Schönheitskönigin noch dazu."

„Das weiß ich ja alles." Leona wurde ungeduldig. „Ich würde mir auch für Ilse bestimmt kein Bein ausreißen. Aber ich habe ein verdammt schlechtes Gefühl bei der Sache, weil doch meine Quatscherei an allem schuld ist!"

„Das ehrt dich", sagte Alma. „Paß mal auf, ich mache dir einen Vorschlag zur Güte: sprich noch einmal mit Ilse. Warne sie mit Nachdruck. Vielleicht hört sie dann doch auf dich, und wenn nicht, dann brauchst du dir wenigstens keine Vorwürfe mehr zu machen."

Leona wäre gern noch bei den Freundinnen geblieben, aber da fiel ihr schlagartig ein, daß sie eine Trainerstunde hatte. Sie rannte ins Schloß zurück, um sich umzuziehen.

Die verwöhnte Ilse Moll bewohnte ein Einzelzimmer, aber es sah aus, als würden mindestens drei ausgesprochene Schlampen darin hausen. Das Bett war so nachlässig gemacht, daß das

Kopfkissen und ein Zipfel des Lakens unter der Überdecke vorgucken, ein angebissener, schon braun gewordener Apfel lag auf dem Bücherbrett, ein Teller mit einem halben Marmeladenbrot stand herum, und überall, auf dem Tisch, den Stühlen und dem Bett, befanden sich Kleidungsstücke in mehr oder minder mitgenommenem Zustand.

Leona, die Ilse am Abend aufsuchte, traute ihren Augen nicht. „Bei dir sieht's vielleicht aus!" rief sie unwillkürlich.

„Geht's dich was an?" Ilse saß vor dem Vergrößerungsspiegel und zupfte sich die Augenbrauen.

„Auch wieder wahr!" Leona fegte einen Büstenhalter vom Stuhl und setzte sich.

„Hast du mich gesehen?" fragte Ilse und spannte sich die Haut über dem rechten Auge. „Heute nachmittag?"

„Nein!"

„Ich bin mit Andreas spazierengegangen! Im Park!"

„Wie schön für dich."

„All die anderen dummen Gänse sind vor Neid geplatzt!" Ilse packte eine der kurzen Brauenstoppeln mit der Pinzette und riß sie mit einem Ruck aus.

„Hat er dich schon geküßt?" erkundigte sich Leona.

„Was glaubst du denn? Vor allen Leuten?"

„Was ich glaube, kann ich dir ganz genau sagen!" Leona hatte es satt, noch länger um den heißen Brei herumzureden. „Ich glaube, daß Andreas es nicht ernst mit dir meint . . ."

„Hast du 'ne Ahnung!"

„. . . und daß Kurt Büsing hinter seinem plötzlich erwachten Interesse steckt."

„So ein Quatsch! Du bist ja nur neidisch."

„Nicht die Bohne."

Ilse Moll ließ die Pinzette sinken. „Was willst du eigentlich? Du schneist hier ungebeten herein, meckerst herum und willst mir Andy madig machen . . ."

„Ich will dich warnen, Ilse, das ist alles. Ich glaube einfach nicht, daß Andreas sich ernsthaft etwas aus dir macht . . . bitte, laß mich jetzt mal reden, schließlich hast du mich gefragt! Gut, ich gebe zu, du bist eine bezaubernde Person, aber auch wenn du die Königin von Saba wärst, Andreas hat sich bisher noch nie für ein Mädchen interessiert, jedenfalls nicht im Landschulheim!"

„Jeder muß mal anfangen", gab Ilse ungerührt zurück.

„Mag sein, aber trotzdem scheint mir die ganze Sache höchst verdächtig! Ich wette, Kurt Büsing steckt dahinter. Er will sich rächen, weil . . ."

„Quatsch mit Soße! Die beiden sind doch gar nicht der gleiche Jahrgang! Die haben überhaupt nichts miteinander zu tun."

„Wenn's drauf ankommt", gab Leona ihre neue, erst auf Rabenstein gelernte Weisheit zum besten, „stecken die Jungen immer zusammen."

„Ist ja lachhaft!" Ilse wandte sich wieder ihrem Vergrößerungsspiegel zu.

„Ich bitte dich, Ilse, paß auf dich auf!"

„Und ich bitte dich: verschwinde hier! Mach 'ne Fliege, aber gefälligst dalli."

„Nicht bevor du sagst, was du vorhast!"

„Was soll das heißen?"

„Ich will wissen, wann du das nächste Mal mit Andreas verabredet bist!"

„Das wird ja immer schöner! Was geht dich das an!"

„Ich fühle mich für dich verantwortlich!"

„Bei dir piept's ja! Du solltest dich mal überholen lassen!"

Leona packte das große Mädchen bei den Schultern und schüttelte sie. „Wann, Ilse? Wann?"

Die sehr unsportliche Ilse bekam es mit der Angst. „Mensch, du hast 'nen Griff!" sagte sie und versuchte sich zu befreien.

„Das kommt vom Tennis", sagte Leona nicht ohne Stolz, „da kriegt man Muskeln! Also los, erzähle! Ich schwöre auch, daß ich dich nicht verpfeife... an keinen Erzieher und keinen Lehrer jedenfalls!"

„Auch nicht Herrn Kast?"

„Klar, eingeschlossen!" versprach Leona, die ohnehin nie die Absicht gehabt hatte, den Hausmeister einzuweihen.

„Dann paß mal auf..." Es war nicht nur Leonas Energie, die Ilse zum Reden brachte, sondern der eigene Wunsch, sich jemandem mitzuteilen. Sie platzte fast vor Mitteilungsbedürfnis. „Wir haben uns im Park verabredet!"

Leona war enttäuscht, denn das klang alles andere als sensationell. „Und wann?" fragte sie.

Ilse senkte ihre Stimme zu einem geheimnisvollen Flüstern. „Um Mitternacht!"

„Was?" Leona sprang hoch, als wäre sie gebissen worden. „Bist du verrückt!"

Ilse blieb ganz unbewegt. „Nein, gar nicht. Wieso denn!"

„Wie kannst du dich mitten in der Nacht mit einem Jungen verabreden?"

„Und kannst du mir sagen, wo man hier tagsüber ungestört mit einem Jungen zusammen sein kann? Immer und überall wimmelt es von Leuten!"

„In der Schreinerei zum Beispiel oder in den Gewächshäusern..."

„Hör mir doch auf damit! Die haben doch Fenster. Da kann spionieren, wer will!"

„Aber da kann wenigstens nichts passieren!"

Ilse sah Leona an, und dann lächelte sie hintergründig.

„Legst du es immer noch darauf an, rauszufliegen?" fragte Leona skeptisch.

„Im Gegentum! Jetzt, wo ich endlich einen Freund habe, kann ich mir nichts Schöneres wünschen als hier zu sein."

„Ilse, bitte, sei vorsichtig! Woher willst du wissen, daß Andreas wirklich dein Freund ist!"

„Das merkt man doch, du Schaf! So was kannst du bloß fragen, weil du überhaupt keine Erfahrungen hast!"

Leona beschwor Ilse, nicht zu der mitternächtlichen Verabredung zu gehen. Sie brachte alle Argumente an, die ihr nur einfielen.

Ilse Moll blieb entschlossen. „Ich verstehe gar nicht, warum du dich so aufregst. Laß mir doch den Spaß. Ich glaube, du bist bloß neidisch, weil du selber noch keine Erfolge hast!"

Aufgeregt rannte Leona zu Alma und Sabine zurück, und es gelang ihr tatsächlich, die Freundinnen zu alarmieren.

„Ein Treffen nachts im Park", sagte Alma, „das ist ganz und gar gegen die Hausgesetze!"

Leona war erleichtert, weil es ihr gelungen war, die Freundinnen an dem Fall zu interessieren, aber ganz, so schien es ihr, hatten sie sie immer noch nicht verstanden.

„Die Hausgesetze!" rief sie. „Wenn es nur darum ginge! Es steckt mehr dahinter! Etwas ganz anderes. Die Jungen wollen Ilse reinlegen, und sie will es in ihrer grenzenlosen Eitelkeit nicht wahrhaben."

Nach einigem Hin und Her beschlossen sie, zwei verläßliche Mädchen aus ihrer Gruppe zu der Beratung hinzuzuziehen, Claudia Pfaff und Marga Meinheim. Die ließen sich die ganze Geschichte noch einmal von A bis Z durchexerzieren.

Dann sagte Claudia: „Schön und gut, nehmen wir mal an, du hast recht, Leona, und die Jungen wollen Ilse wirklich einen Streich spielen ... was geht dich das an?"

Einen Augenblick war Leona irritiert und fragte sich selber, ob sie wirklich wieder drauf und dran war, sich in Dinge zu mischen, die sie nichts angingen. Aber dann fand sie ihre Fassung wieder. „Es geht uns alle an, finde ich."

„Warum?" fragte Marga.

Unerwartet bekam Leona Schützenhilfe. „Das kann ich dir genau erklären!" Alma beugte sich vor. „Wenn Kurt sich an Ilse rächen wollte, so wäre das sein gutes Recht, und bestimmt würde keine von uns auch nur daran denken, einzugreifen! Aber wenn er dazu die anderen Jungen mobilisiert, dann müssen wir uns mit Ilse solidarisch erklären!"

„Warum?" fragte Marga wieder.

„Weil die Jungens, wenn sie zusammenhalten, mit uns machen können, was sie wollen! Das fängt jetzt mit Ilse Moll an, aber wer weiß, wo es aufhört! Wir können uns nur verteidigen, indem wir ebenfalls zusammenhalten! Kapiert?"

„Ich denke schon."

„Sehr gut."

„Aber was ist", gab Claudia zu bedenken, „wenn Andreas aller Vernunft zum Trotz dennoch in heißer Liebe zu dieser dämlichen Ilse entbrannt sein sollte? So was soll schon mal vorgekommen sein."

„Dann ziehen wir uns eben sang- und klanglos zurück!"

„Soll das heißen, ihr wollt mitmischen?"

„Wir alle!" sagte Alma. „Oder zu was, glaubt ihr, hätten wir euch eingeweiht? Um euch eine Sensationsstory aufzutischen? Da kennt ihr uns schlecht! Nein, wir alle zusammen müssen etwas unternehmen! Zu fünft können wir es schon mit einer Horde Jungen aufnehmen!"

„Ja, wenn du meinst!" Claudia und Marga blickten sich an.

Dann fragte Marga: „Aber wenn du glaubst, daß es hart auf hart gehen wird ... warum rufen wir dann nicht alle Mädchen zusammen?"

„Weil alle bestimmt nicht dichthalten würden", erklärte Sabine.

„Na und? Dann würde der ganze Treff von vornherein platzen! Wäre das nicht das beste?"

„Dann würden Kurt, Andreas und die übrigen sich bestimmt was Neues einfallen lassen", sagte Leona, „und wer weiß, ob sich Ilse mir ein zweites Mal anvertrauen würde. Ich persönlich möchte doch sehr daran zweifeln."

„Sehr richtig", stimmte Alma zu, „so wie jetzt, liegen die Dinge ideal. Wir wissen, was geplant ist ... na, nicht ganz", schränkte sie ein, „aber immerhin wissen wir, daß sie etwas im Schilde führen, und wir wissen auch wann sie den Streich starten wollen."

„Aber", ergänzte Sabine, „sie haben keine Ahnung, daß wir was wissen."

„Und das", behauptete Leona, „gibt uns eine grenzenlose Überlegenheit!"

„Na wunderbar", sagte Marga. „Und wie wollen wir es nun anpacken?"

Darüber fand noch eine heiße Debatte statt, und es dauerte einige Zeit, bis sich alle fünf Mädchen auf einen bestimmten Schlachtplan geeinigt hatten.

Wir sind noch mal davongekommen

Es war gar nicht einfach, nachts aus der Burg zu kommen. Die Fenster im Erdgeschoß waren vergittert, alle Türen abgeschlossen.

Die Freundinnen hatten keine Ahnung, auf welchem Weg Ilse Moll es versuchen würde. Und so stellten sie vorsichtshalber an jeden möglichen Ausgang eine halbe Stunde vor Mitternacht eine Wache: Leona an den Haupteingang, Alma an den Nebenausgang beim Speisesaal, Marga an den Küchenausgang, der aus den Wirtschaftsräumen führte, und Claudia an die Altane im ersten Stock, aus der man sich, mit einem festen Strick und gutem

Mut, hätte abseilen können. Sabine hatte schon auf der alten Eiche im Park einen Vorposten bezogen.

Alle fünf Mädchen hatten dunkle Trainingsanzüge an, in denen sie nicht auffielen, und Turnschuhe an den Füßen, mit denen sie leise auftreten konnten. Bewaffnet war jede mit einer Taschenlampe und einer Dose buntem Lederspray, wie sie sie sonst zum Schuheputzen benutzten.

Leona hatte sich in einer Nische in der großen Eingangshalle versteckt. Die Burg, die tagsüber, wenn es von Leben wimmelte, ein geradezu gemütlicher Aufenthalt war, wirkte jetzt, in der Nacht, schauerlich verlassen. Nichts war zu hören als Leonas eigener Atem. Mondlicht fiel durch eines der spitzen, hohen Fenster, und der helle Streifen ließ das Dunkel ringsum nur um so dunkler erscheinen. Längst wurde nicht mehr geheizt, aber jetzt in der Nacht war es kalt, und Leona bibberte vor Kälte.

Es schien ihr, daß dieses ganze Unternehmen doch eigentlich recht sinnlos wäre. Sie verstand nicht mehr, wie sie sich darauf hatte einlassen, ja, es sogar hatte anregen können.

Da hörte sie Schritte, und sogleich vergaß sie Angst und Kälte. Es waren leichte Schritte, wie von hochhackigen Schuhen. Und wirklich, da tauchte auch schon Ilse Moll vom langen Gang, der an den Direktionszimmern vorbeiführte, in der Halle auf. Sie trug Sandalen an den nackten Füßen und, soviel Leona erkennen konnte, ein helles Sommerkleid — oder war es gar ein Nachthemd? Um die Schultern hatte sie ein großes gehäkeltes Dreiecktuch aus Angorawolle geschlungen, und ihr blondes Haar war zu einer wahren Löwenmähne frisiert. Ihr Gesicht konnte Leona in dem ungewissen Licht nicht erkennen. Aber sie war sicher, daß sie sich sorgfältig geschminkt hatte.

Wie wollte sie jetzt aus der Burg heraus? Leona hielt den Atem an.

Leise öffnete Ilse die Tür zur Pförtnerloge. Drinnen war ein Knopf, mit dem man den Türöffner bedienen konnte. Aber was konnte ihr das nutzen? Zwischen Tür und Drücker war ein Abstand von gut fünf Metern; sie konnte nicht beides zugleich tun, drücken und die Tür aufstoßen.

Von der Uhr der Kapelle tönte der erste Schlag zur zwölften Stunde. Die Tür summte.

Mit großen Augen beobachtete Leona, wie sie nach außen gezogen wurde. Ilse lief hin, nahm einen Holzklotz, der bei verschiedenen Gelegenheiten zum Aufhalten der Tür diente, steckte ihn in die Öffnung und schlüpfte hinaus.

Das hatten die beiden sich schlau ausgedacht, dachte Leona. Ilse hatte zu einem verabredeten Zeitpunkt den Türöffner betätigt, und Andreas hatte schon draußen gewartet.

Sie wurde stutzig. Das sah doch wirklich nach schöner Herzeinigkeit aus. Vielleicht war ihr Verdacht, daß ein Streich gegen Ilse geplant war, ganz unberechtigt, vielleicht hatte sie sich alles nur eingebildet!

Da sah sie, wie eine Hand sich in den offenen Türspalt schob und den Holzklotz zurückstieß, so daß die Tür ins Schloß fiel.

Also doch ein Streich! Denn nun war Ilse, was auch immer sie erlebte, für die ganze Nacht ausgesperrt!

Jetzt hieß es schnell handeln! Die Mädchen hatten sich um fünf nach zwölf in der Halle verabredet, aber Leona war es, als könnte sie diese wenigen Minuten nicht mehr aushalten. Sie platzte fast vor Ungeduld.

Alma, die vom Speisesaal her den kürzesten Weg hatte, tauchte als erste in der Halle auf.

„Schnell, schnell!" Um sich deutlich zu machen und dennoch niemanden zu wecken, sprach Leona abgehackt und leise. „Sie ist eben raus! Sie hat gedrückt, und er hat die Tür aufgezogen. Wir müssen es genauso machen!"

„Aber dann . . ."

„Gleich darauf hat jemand den Klotz weggezogen! Es ist also wirklich was im Busch!"

Leona lief in die Pförtnerloge, und Alma drückte die Tür auf. Jetzt kam auch schon Marga angerannt.

„Los, wir müssen ihnen nach!" flüsterte Leona, ohne sich noch einmal auf lange Erklärungen einzulassen.

„Aber Claudia ist doch noch nicht da!" protestierte Marga.

„Die wird schon merken, was los ist, wenn sie sieht, daß die Tür offensteht!" Leona hatte den Klotz schon in die Hand genommen.

Sie wartete, bis die anderen draußen waren, folgte ihnen als letzte und klemmte den Klotz in die Öffnung.

„Und wenn einer von den Jungen zurückkommt?" fragte Alma im Laufen.

„Warum sollten sie?" fragte Leona zurück.

„Um sich zu vergewissern, daß die Tür wirklich zu ist!"

„So weit denken die doch nicht!"

„Wenn aber doch, sind wir alle ausgesperrt!"

Leona war schon etwas atemlos vom schnellen Lauf. „Was kann uns schon passieren? Mehr als rauswerfen können sie uns nicht!" behauptete sie japsend, aber noch während sie es aussprach, wurde ihr bewußt, daß sie gar nicht mehr so dachte. Es hätte ihr bitter weh getan, Rabenstein zwangsweise verlassen zu müssen.

Alma warf ihr einen Seitenblick zu. „Du kannst vielleicht blöd daherreden!"

„Entschuldige!" rief Leona. „Entschuldige vielmals, das war wirklich blöd von mir. Natürlich wäre es schlimm, rauszufliegen . . . für uns alle. Aber machen wir uns nicht verrückt, so weit wird es schon nicht kommen."

Sie hatten jetzt den Eingang zum Park erreicht und hüllten sich, ohne besondere Verabredung, vorsichtshalber in Schweigen. Es herrschte Vollmond, und die Wege und Plätze des Parks waren fast so hell beleuchtet wie am Tage, nur daß das Grün des Rasens, der Büsche und der Bäume, das Rot und Gelb der Rosen keine Kraft hatte.

Leona, Alma und Marga hielten sich in den Schatten, die sehr schwarz von den beleuchteten Partien abstachen, und trennten sich bald, um sich lautlos und vorsichtig voranzupirschen. Sie rechneten damit, daß Andreas seine Eroberung zu der alten Eiche führen würde, dem bei den Rabensteinern so beliebten Treffpunkt. Dieser Platz war zwar nicht gerade geeignet für eine zärtliche Szene, da er aber nach allen Seiten offen lag – zwei Haupt- und drei Nebenwege mündeten auf ihm –, um so besser für einen Überfall.

Während Leona sich voranschlich, kamen ihr plötzlich Bedenken. Was war, wenn Andreas sie ganz woandershin verschleppt hatte? Wenn sie zu spät kamen? Zum Glück hatte sie kaum Gelegenheit, diesen ängstlichen Gedanken nachzuhängen, denn sie spürte deutlich, daß außer ihr sich noch mehr im Park regte. Manchmal raschelten die Blätter eines Busches verdächtig, oder ein Schnaufen war zu hören. Sehen konnte sie jedoch nichts. Wenn sich Jungen im Park aufhielten, hatten sie sich jedenfalls gut getarnt.

Leona und die anderen Mädchen mußten in zweifacher Hinsicht sehr, sehr vorsichtig sein. Es wäre schon schlimm genug, wenn die Jungen ihre Anwesenheit im Park bemerkten, viel schlimmer aber wäre es, wenn sie einzeln abgefangen und vielleicht sogar verdroschen würden. Zart, darüber waren sich alle klar, würden die Jungen sie bestimmt nicht behandeln, wenn sie ihnen in die Hände fielen.

Endlich hatte Leona sich so weit vorgearbeitet, daß sie den Platz mit der alten Eiche überblicken konnte. Aber Andreas und Ilse Moll waren nicht zu sehen. Oder doch! Etwas schien sich im Schatten des Baumes zu bewegen.

Da hörte sie Ilse Molls Stimme, und sie war in der Stille des nächtlichen Parks weithin zu vernehmen: „Oh, Andreas! Du bist wirklich ein irre süßer Typ!"

„Und du", erwiderte Andreas genauso deutlich, „bist leider ein verdammtes Rabenaas!"

Ilse brauchte einige Sekunden, um diese Grobheit zu verdauen. „Wie . . .", stammelte sie dann, „was . . . wie kannst du . . ."

Aber da brachen sie auch schon aus dem Hinterhalt, sie stürzten auf Ilse, vier Jungen, unter denen Leona Kurt Büsing und den unvermeidlichen Klaus Voss erkannte. Andreas trat zurück und schlenderte gemächlich über den mondbeschienenen Hauptweg davon. Anscheinend hatte er sich nur bereit erklärt, den Köder zu spielen, nicht aber an der eigentlichen Strafaktion teilzunehmen. Das war ein Glück, denn wenn er oder etwa Jochen Schmitz mitgemacht hätten, wären die Mädchen bestimmt nicht mit ihnen fertig geworden.

So genossen sie im Gefühl der Überlegenheit noch eine Weile das Schauspiel, wie Ilse sich kratzend und tretend gegen den Überfall zu wehren versuchte. Aber mit vereinten Kräften gelang es den Jungen, ihr einen großen weißen Bettbezug über den Kopf und bis zu den Füßen zu ziehen.

Eine Hand legte sich Leona auf die Schulter. Leona war in ihrem ganzen Leben noch nicht so erschrocken gewesen und fuhr herum.

Es war nur Claudia. „Da bin ich ja gerade noch rechtzeitig gekommen", flüsterte sie. „Wollen wir?"

„Ja, los! Auf sie mit Gebrüll!" Leona stieß den verabredeten Pfiff aus.

Die Mädchen stürzten sich von allen Seiten auf die Jungen, die sich damit abmühten, den zappelnden, trampelnden Sack von der Stelle zu schleifen.

Sabine sprang aus dem Baum, und gleichzeitig ließen die Mädchen ihren Lederspray spritzen.

121

„Verdammt, was ist das?" Kurt Büsing ließ den Sack los.

„Ihr könnt was erleben!" schrie Klaus Voss und stürzte sich auf Leona.

Ein Strahl Spray wehrte ihn ab.

Klaus fuhr sich mit der Hand über den Mund. „Pfui, ich blute ja!" – Aber es war nur roter Lederspray.

In Sekunden waren die Jungen blau, grün, rot und braun eingefärbt, und der Sack, in dem Ilse Moll steckte, schimmerte in allen Farbtönen. Die Jungen rannten davon.

„Das gibt 'ne Revanche!" rief einer noch.

Die Mädchen halfen Ilse aus dem Bettüberzug. Von ihrer gepflegten Schönheit war, das konnte man schon hier im Mondschein erkennen, nichts mehr übriggeblieben. Ihre Löwenmähne hatte sich zu Zotteln verstrickt, Wimperntusche

Mit farbigem Lederspray hatten es die Mädchen leicht, die Jungen zu vertreiben

und Lidschatten waren verschmiert, und ihr weißes Spitzen-
kleid – ja, es war doch ein Kleid! – hatte einiges von dem
Lederspray abbekommen. Die Stola war eingerissen.

„O Gott, wie seh ich aus ... die schönen Spitzen! Das kriege
ich doch nie wieder raus!"

„Stell dich nicht so an", sagte Alma herzlos, „freu dich lieber,
daß wir dich herausgehauen haben."

„Wirklich wahr", stimmte Sabine ihr zu. „Wer weiß, was die
Jungens sonst noch mit dir angestellt hätten."

„So eine Gemeinheit ist mir in meinem ganzen Leben noch
nicht passiert!" schimpfte Ilse.

„Ich hatte dich gewarnt", erinnerte Leona sie, „aber du wolltest ja nicht auf mich hören."

„Wenn Leona nicht gewesen wäre, säßest du jetzt ganz schön
tief drin", stellte Claudia fest.

Leona freute sich über diese Anerkennung, wie sie sich nie
über das Lob eines Lehrers gefreut hatte. Um sich nicht anmerken zu lassen, wie mächtig stolz sie auf sich war, sagte sie, möglichst obenhin: „So ist es nun mal ... Ilse, es scheint mein
Schicksal zu sein, dich immer wieder aus der Patsche zu
holen!"

Alle lachten.

„Hiermit wirst du offiziell zu Ilses Schutzengel ernannt", verkündete Alma.

Auch dieser Ausspruch wurde mit Gelächter belohnt.

„Seid nicht so laut", mahnte Sabine, die stets bedächtige,
„vergeßt nicht, daß wir verbotenerweise hier sind. Oder wollt
ihr erwischt werden?"

Nein, das wollte natürlich niemand, und fast so vorsichtig,
wie sie sich angepirscht hatten, schlichen sie sich zur Burg
zurück. Leona behielt recht. Die Jungen hatten gar nicht daran
gedacht, die Tür zu schließen, um ihnen so den Rückzug abzu-
schneiden. Wahrscheinlich waren sie nicht einmal auf den Ge-

danken gekommen, daß es die Mädchen auf sie abgesehen hatten. So konnten sie sich wieder ins Haus zurückziehen.

Aber alle waren viel zu aufgekratzt, um gleich schlafen zu gehen. Mit Vergnügen nahmen sie deshalb Ilse Molls Einladung zu einer Flasche Wein an. Nachdem sie die Trainingsanzüge aus, Nachthemden und Schlafanzüge angezogen hatten, versammelten sie sich auf Ilses Zimmer.

Jede hatte ihr Zahnputzglas mitgebracht.

Den Wein hatte Ilse von ihrer Mutter bekommen, die immer ein schlechtes Gewissen hatte, weil ihre Tochter über den Aufenthalt im Landschulheim so unglücklich war. Es war ein leichter Wein, und auf jede kam nicht einmal ein volles Glas. Dennoch fanden alle und besonders Leona, die noch nie zuvor etwas Ähnliches erlebt hatte, dieses improvisierte Fest höchst vergnüglich und nervenkitzelnd verwerflich.

Immer wieder kauten sie ihre nächtlichen Erlebnisse durch und konnten sich nicht genug damit tun, sie in allen Einzelheiten auszumalen.

Nur Ilse Moll teilte die allgemeine Hochstimmung nicht. „Ich werd's meiner Mutter schreiben", verkündete sie, während sie mit Watte und Creme ihre Wimperntusche zu entfernen suchte.

„Was willst du?" Alma, die mit übergeschlagenen Beinen auf dem Bett gesessen hatte, schnellte hoch wie ein Teufelchen aus dem Kasten.

„Wasch dir die Ohren!" gab Ilse Moll zurück.

„Das kann doch nicht dein Ernst sein?" fragte Leona ganz erschüttert.

„Und ob! Wenn meine Mutter erfährt, was hier für Zustände herrschen, dann holt sie mich ganz bestimmt nach Hause."

Die Mädchen erschraken.

„Ilse", sagte Sabine mit Nachdruck, „das kannst du nicht machen!"

125

„Und wer sollte mich daran hindern?" gab Ilse Moll zurück.

„Wir!" riefen Leona, Sabine und Marga Meinheim fast gleichzeitig.

Ilse ließ sich nicht einschüchtern. „Da bin ich aber mal gespannt!"

„Jetzt hör mal zu", sagte Alma, „du wirst doch zugeben, daß du dir diese ganze Suppe selber eingebrockt hast. Die Jungen hatten allen Grund, dir einen Denkzettel zu verpassen."

„So ist es!" bestätigte Claudia Pfaff.

„Im Grunde genommen", behauptete Marga, „hattest du einen Denkzettel verdient. Es war schön dumm von uns, dir zu helfen."

„Na eben", gab Ilse Moll unverfroren zurück, „ich habe euch nicht darum gebeten."

„Kannst du wirklich so undankbar sein?" rief Leona. „Wir haben dich doch gerettet. Dabei war die Sache nicht einmal ungefährlich für uns. Es hätte auch schiefgehen können!"

„Wenn nämlich die Jungen in der Überzahl gewesen wären", ergänzte Sabine.

„Oder stärker als wir", sagte Alma.

„Und zum Dank dafür", fragte Claudia, „willst du uns alle hereinreißen? Nein, nein, ich glaub es nicht. So rücksichtslos kannst nicht einmal du sein."

Ilse Moll blickte sie an, das eine Auge blond bewimpert, das andere noch tief schwarz umrahmt. „Ich will hier raus, egal wie! Hier kann man ja nicht leben."

Leona ergriff das Wort. „Jetzt will ich dir mal was sagen: Es kommt gar nicht so sehr darauf an, wo man lebt, sondern, daß man sich wie ein vernünftiger Mensch benimmt!" Dann verstummte sie, sprachlos über sich selber, weil ihr aufging, daß diese Bemerkung genauso auf sie selber paßte wie auf Ilse Moll.

„Du willst uns also tatsächlich verpetzen?" erkundigte Alma sich noch einmal.

„Meine Mutter muß doch wissen ..."

„Nein, muß sie nicht. Es geht sie gar nichts an, was unter uns hier passiert. Das ist unsere Sache." Alma stand auf. „Und jetzt paß mal auf; solltest du es wagen, irgend jemanden ein Wort zu verraten, irgendeinem Erwachsenen, meine ich, sei es nun Pauline, dem Direx, der Wegner ... irgendeinem Pauker oder Erzieher, dann bringe ich die Geschichte ganz groß in unsere Internatszeitung, aber so, wie es wirklich war. Ich mache dich zum Gelächter von ganz Rabenstein. Und egal, wo deine Mutter dich dann hinschickt, die Zeitung kommt nach ... damit jeder weiß, was du für ein schräger Vogel bist."

„Da mache ich mir nichts draus", behauptete Ilse Moll, war aber doch ein wenig blaß geworden.

„Kein Junge wird dich ansehen, ob hier oder anderswo, wenn bekannt wird, wie du es treibst. Und ich mache das, wenn du uns reinreitest, da kannst du Gift drauf nehmen."

Ilse gab sich noch nicht geschlagen. „Das kannst du gar nicht mehr in den ‚Rabensteiner Boten' bringen, wenn du erst geflogen bist."

„So, kann ich nicht? Du wirst dich wundern. Du glaubst doch nicht, daß ich abwarte, bis es zum großen Krach kommt! Nein, ich gehe gleich morgen zu Ingrid, die, wie du wissen solltest, die Redaktion macht. Für die ist das ein gefundenes Fressen."

Ilse Moll wurde still.

„Also versprichst du uns, die Klappe zu halten ... ja oder nein?"

„Ja."

„Das genügt mir nicht! Großes Ehrenwort!"

„Ja!" Ilse Moll hob widerwillig zwei Finger der rechten Hand in die Höhe.

„Und damit du Bescheid weißt ... ich hinterlege die Geschichte auf alle Fälle bei der Redaktion!"

127

In diesem Augenblick wurde die Tür geöffnet, und alle fuhren zusammen. Es war Tina Wegner, die Erzieherin. Sie hatte Stimmen gehört, und sich, ebenfalls in Nachthemd und Morgenrock, auf einen Kontrollgang gemacht.

„Aha!" rief sie. „Da habe ich euch erwischt! Darf ich fragen, was euch einfällt, eine Mitternachtsparty abzuhalten?"

„Wir hatten was zu feiern", erklärte Ilse Moll.

„Das sehe ich", sagte Frau Wegner mit dem Blick auf die geleerte Weinflasche.

„Und wir wollten auch schon gerade gehen", verkündete Sabine.

„Schon ist gut! Wißt ihr, wie spät es ist?"

„Wir haben vergessen auf die Uhr zu sehen."

„Ihr seid mir eine schöne Bande! Muß ich immer wieder daran erinnern, daß für nächtliche Unternehmungen vorher die Erlaubnis eingeholt werden muß?"

„Ich habe den anderen gesagt, ich hätte die Erlaubnis", schwindelte Ilse Moll. „Ich wollte sie mir auch holen, aber ich habe es vergessen. Wenn Sie wollen, werfen Sie mich doch raus!"

„Das könnte dir so passen! Nein, ich streiche dir für nächstes Wochenende den Ausgang, das sollte wohl genügen. Und da ihr anderen unschuldig seid... die wahrsten Unschuldslämmer, das sieht man ja... kommt ihr noch mal ohne Strafe davon."

„Danke, Frau Wegner!" riefen die Mädchen durcheinander. „Das ist sehr edel!" – „Vielen Dank!" – „Wir werden's auch nicht mehr wieder tun!" – „Jedenfalls nicht ohne Ihre ausdrückliche Erlaubnis!"

„Aber jetzt in die Betten mit euch, und zwar rasch! Ich komme in einer halben Stunde noch einmal nachsehen! Wer dann nicht schläft, kann was erleben!"

Ein Wochenende zu Hause

So war das nächtliche Abenteuer doch noch einmal gut ausgegangen. Erst nachträglich wurde Leona bewußt, auf was für ein gefährliches Unternehmen sie sich eingelassen hatte. Aber sie bereute es nicht. Sie war stolz darauf, sich für ein anderes Mädchen eingesetzt und an einem tollen Streich teilgenommen zu haben.

Obwohl sich alle gegenseitig versprochen hatten, kein Wort laut werden zu lassen, sickerte die Geschichte natürlich doch durch, wenn auch nur in Form von Gerüchten. Es war bemerkenswert, wie sehr der Fall darin entstellt, vergröbert oder auch verharmlost wurde. Leona wurde von vielen gedrängt, doch die ganze Wahrheit zu sagen. Aber sie verweigerte jede Stellungnahme.

So wenig die Rabensteiner Mädchen erzählten, was in jener Nacht wirklich passiert war — daß die blamierten Jungen eisern schwiegen, versteht sich von selber —, eines wußten alle: daß Leona sich hervorgetan hatte.

Sie war jetzt eine „echte Rabensteinerin", von allen Mitschülerinnen anerkannt und allgemein beliebt. Das war schon ein großartiges Gefühl, besonders für Leona, die ihr ganzes Leben eine Außenseiterin gewesen war.

Ein paar Tage schwebte sie wie auf Wolken, bis ihr klarwurde, daß sie sich von ihrem eigentlichen Ziel weiter denn je entfernt hatte. Helmer Theiss schenkte ihr zwar von Zeit zu Zeit einen Blick aus seinen faszinierend blauen, schwarz bewimperten Augen, aber nie ein Wort und nie ein Lächeln.

Kurt Büsing, der ihr versprochen hatte, zwischen ihr und Helmer zu vermitteln, ließ sie seit dem mitternächtlichen

Zwischenfall völlig links liegen. Leona vermutete, daß er und seine Freunde eine Mordswut auf sie hatten, und sie konnte es ihnen nicht einmal verdenken.

Sie versuchte, mit den Freundinnen über ihr Problem zu sprechen. „Mit den Jungen haben wir es uns total verdorben", begann sie.

Aber Alma zuckte bloß die Achseln. „Die beruhigen sich auch wieder."

„Ob die sauer auf uns sind, ist doch ganz Wurst", meinte Sabine.

Ja, die beiden hatten es gut, die waren dicke Freundinnen und hatten mit Jungen überhaupt noch nichts im Sinn!

Leona seufzte schwer.

Das nächste Wochenende war ein Heimreise-Wochenende. Ursprünglich hatte Leona vorgehabt, überhaupt nicht nach Hause zu fahren, um ihre Mutter zu strafen. Aber inzwischen hatte sie es sich anders überlegt.

Es würde ziemlich langweilig im Internat sein, da außer ihr kaum ein Mensch da war. Alma fuhr nach Hause und nahm Sabine mit. Sogar Ilse Moll würde von ihrer Mutter abgeholt werden. Auch Marga und Claudia blieben nicht. Sicher würden auch die meisten Jungen abschwirren.

Warum also sollte sie bleiben?

Leona gab nicht zu, daß sie trotz allem Sehnsucht nach ihrer Mutter hatte. Aber sie hatte inzwischen gelernt, daß man einen Menschen, den man lieb hat, nicht verletzen kann, ohne sich selber weh zu tun.

So also kletterte sie am Freitag mittag vergnügt und erwartungsvoll wie alle anderen in den Bus, der sie zum Bahnhof bringen sollte. Sie hatte schon einen Platz erwischt, als sie Kurt Büsing auf dem Burghof herumlungern sah. Er trug Jeans und ein T-Shirt und sah gar nicht so aus, als hätte er eine Reise vor.

Ohne lange zu überlegen, kämpfte sie sich, dem Strom der Einsteigenden entgegen, zur Tür. „He, Kuddel!" rief sie. „Kommst du etwa nicht mit?"

Kurt Büsing hob den Kopf, blickte Leona aber nicht an, sondern schräg an ihr vorbei.

Schon bereute sie, ihn angesprochen zu haben. Wenn er ihr nicht antwortete, dann war sie vor all ihren Mitschülern und Mitschülerinnen, die sich im Bus drängten, blamiert.

Aber dann öffnete Kurt Büsing doch den Mund. „Meine Eltern sind verreist."

„Ach du dickes Ei!" rief Leona. „Das tut mir aber leid!" Einen Augenblick lang spielte Leona mit dem Gedanken, wieder auszusteigen und die freien Tage für eine Versöhnung mit Kurt auszunutzen. Aber das ging nicht, denn ihr Koffer war längst tief im Bauch des Fahrzeuges verschwunden.

Kurt Büsing schien das auch gar nicht zu erwarten. „Halb so wild, ich muß für Mathe arbeiten", entgegnete er.

Leona hatte eine Idee. „Kann ich dir was mitbringen?"

„Tu bloß nicht so edel!"

„Eine Friedenspfeife vielleicht?"

Jetzt lachte Kurt. „Dann schon lieber eine Single."

„Eine bestimmte?"

„Wie wär's mit ‚I'm not in love' von Ten C. C.?"

„Ist geritzt . . . falls ich dazu komme!"

Die Bustüren gingen zu, und Leona arbeitete sich auf ihren Platz zurück, auf den sich inzwischen eine der Großen niedergelassen hatte. Aber das machte ihr nichts aus. Sie war unendlich erleichtert. Kurt war nicht mehr eingeschnappt – das Wochenende war gerettet!

Von der Bahnstation ging es weiter mit dem Zug nach München. Es war eine fröhliche Fahrt, denn mehr als die Hälfte aller Rabensteiner fuhr in diese Richtung. Es wurde geschwatzt, gelacht und gesungen, und Leona war so laut und so aufgekratzt wie die anderen.

Auf dem Hauptbahnhof in München kam es zu einem lauten, allseitigen Abschied – Sabine und Alma fuhren weiter nach Augsburg. Leona war so beschäftigt, daß sie ihre Mutter erst bemerkte, als die anderen, die mit ihr in München ausgestiegen waren, sich zerstreut hatten.

„Oh, Mutti, da bist du ja!" rief sie, zögerte ein bißchen und fiel ihr dann doch um den Hals.

„Du hast dich unheimlich verändert", stellte Frau Heuer fest, „zu deinem Vorteil, muß ich sagen."

Das hörte Leona natürlich gern. „Ja, wirklich?"

„Du hast dich entwickelt, und fabelhaft braun bist du auch."

„Das kommt vom Tennisspielen." Leona betrachtete die Mutter. „Du wirst immer jünger."

„Das macht mein legerer Hosenanzug ... er ist schick, nicht wahr? Wenn du willst, kaufen wir morgen auch gleich einen für dich."

„Kann man immer brauchen." Leona fand ein Eisenwägelchen, auf das sie ihren Koffer wuchten konnte.

„Du bist mir doch nicht böse, daß ich dich nicht mit dem Auto abgeholt habe? Ich arbeite nämlich jetzt wieder, und den ganzen Tag konnte ich mir unmöglich frei nehmen ..."

„Ich bin dir überhaupt nicht böse", versicherte Leona, „mit dem Zug geht's ja sehr gut."

Es war herrlich, wieder nach Hause zu kommen. Erst als Leona die gepflegte Wohnung ihrer Eltern betrat, sich in ihrem eigenen hübsch eingerichteten Zimmer umsah, wurde ihr bewußt, wie sehr sie das alles vermißt hatte.

Mutter und Tochter verbrachten den Abend gemütlich zusammen. Frau Heuer tischte Delikatessen auf, von denen sie wußte, daß Leona sie im Internat bestimmt nicht bekommen hatte: Krabben und Thunfischsalat, Oliven und Artischocken-

Komisch, ein richtiges Gespräch wie früher wollte zwischen ihnen nicht aufkommen

böden. Dazu gab es französisches Stangenweißbrot und einen leichten Rotwein.

Leona genoß diese teure Mahlzeit. Aber ein richtiges Gespräch wie in alten Zeiten wollte zwischen ihnen nicht aufkommen. Leona mochte die Mutter nicht in all das einweihen, was sie auf Rabenstein erlebt hatte. Das waren Geschehnisse, die für mütterliche Ohren nicht bestimmt waren. So gab sie nur, einsilbig und zögernd, Antwort auf die Fragen, die die Mutte ihr stellte.

„Wie gefällt's dir im Landschulheim?"

„Gut."

„Hast du Freundinnen?"

„Ja."

„Sind auch nette Jungens dort?"

„Ja."

Früher hatte Frau Heuer immer von all ihren Sorgen, ihren Wünschen und Hoffnungen zu ihrer Tochter gesprochen. Aber das brachte sie jetzt auch nicht mehr fertig. Sie wollte Leona nicht mehr mit ihren Problemen belasten.

Leona ihrerseits dachte nicht daran, die Mutter auszuquetschen. Sie wollte nicht in ihre Geheimnisse eindringen, und dann – sie interssierte sich auch nicht mehr so dafür wie früher. Sie hatte jetzt endlich begonnen ein eigenes Leben zu leben.

Was zwischen ihnen stand, wurde ihnen beiden nicht klar bewußt. Aber sie waren froh, daß das Fernsehen einen alten amerikanischen Film zeigte und sie sich nicht mehr zu unterhalten brauchten.

Gleich am nächsten Morgen gingen Mutter und Tochter einkaufen. Das machte natürlich Spaß, um so mehr, als Frau Heuer sich als sehr großzügig erwies. Leona nutzte die Gelegenheit, auch die Schallplatte für Kurt Büsing zu erstehen – ohne natürlich ihrer Mutter zu verraten, daß sie für einen Jungen gedacht war.

Am Nachmittag zog es Leona zu Babsi, der ehemaligen Klassenkameradin, mit der sie früher nichts anderes gemeinsam gehabt hatte als den Schulweg. Sie hätte niemals daran gedacht, einfach bei ihr aufzukreuzen, und das erschien ihr auch jetzt nicht angebracht. So rief sie denn Babsi erst mal an, und Babsi freute sich. Die Mädchen verabredeten sich im Prinzregentenbad, das nur fünf Minuten zu Fuß entfernt war.

134

Frau Heuer ließ Leona ohne weiteres ziehen. „Aber komm rechtzeitig heim", mahnte sie, „wir wollen heute abend ganz groß ausgehen!"

Babsi sah so aus wie immer, ein pummeliges Mädchen, einen Kopf kleiner als Leona. Aber die Freude, mit der sie die alte Schulkameradin begrüßte, tat Leona gut. Sie hatte auf Rabenstein gelernt, daß Sympathie und Freundschaft von Gleichaltrigen nichts Selbstverständliches sind, sondern etwas, um das man sich bemühen muß. Babsi hatte ihr diese Freundschaft immer entgegengebracht, ohne daß Leona je etwas dafür getan oder ihr etwas zurückgegeben hatte.

„Es ist schön, dich wiederzusehen", sagte sie jetzt — und es wurde ihr nicht bewußt, daß das das erste herzliche Wort war, das sie Babsi je gesagt hatte.

„Du hast dich fabelhaft herausgemacht!" stellte Babsi bewundernd fest.

„Das findet meine Mutter auch!" Leona streckte den Brustkorb vor. „Ich habe Busen bekommen!"

„Und wie! Hast du schon einen Freund?"

„Das kann man nicht gerade sagen, aber bei uns im Internat war allerhand los . . ." Leona begann zu erzählen und — seltsam —, was sie der Mutter gegenüber nicht einmal zu erwähnen gewagt hatte, kam ihr bei Babsi mühelos über die Lippen.

„Halt! Stop!" rief Babsi plötzlich und faßte Leona beim Handgelenk. „Du, da sind ein paar aus unserer Klasse! Die wollen das bestimmt auch mithören! Komm!"

Nicht weit vom Schwimmbecken lagen Susi, Silvy und Nicole, drei Mädchen, um die Leona sich früher nie gekümmert hatte. Aber jetzt schien es ihr plötzlich reizvoll, einen größeren Zuhörerkreis zu kriegen. Die drei — Susi und Silvy im Bikini, Nicole in einem einteiligen Badeanzug — begrüßten Leona mit Hallo und ließen sich gern erzählen, wie es auf Rabenstein zuging.

„Mensch, das ist ja aufregend!" rief Nicole, als Leona eine Beschreibung der nächtlichen Schlacht zum besten gegeben hatte.

„Du hast's wirklich gut getroffen", meinte Silvy. „In so ein Landschulheim möchte ich auch mal."

„Aber von München weg?" gab Susi zu bedenken.

„Ach, nach München kommen wir doch alle Nase lang", behauptete Leona.

„Bis wann kannst du diesmal bleiben?" fragte Babsi.

„Bis Sonntag abend."

„Du, dann komm doch heute abend zu mir!" bat Nicole. „Ich gebe nämlich eine Party!"

Früher wäre Leona nie auf eine Party einer Klassenkameradin gegangen. Sie war auch sehr selten eingeladen worden, aber jetzt fragte sie: „Mit Jungens?"

„Leider ohne. Meine Eltern sind so altmodisch."

„Du Ärmste!" sagte Leona. „Versprechen kann ich dir nichts, aber ich werde mal sehen, ob ich es einrichten kann."

Sie ließ sich erzählen, was sich inzwischen in ihrer alten Schule, dem Max-Josef-Stift getan hatte.

Die Mädchen schwammen, lagen in der Sonne und spielten Fangball.

Leona verlebte alles in allem einen höchst vergnüglichen Nachmittag. Zu ihrer eigenen Verwunderung stellte sie fest, daß sie, nachdem sie endlich in Rabenstein Fuß gefaßt hatte, plötzlich auch in ihrer alten Klasse beliebt geworden war. Wie mochte das nur zusammenhängen?

„Mutti", sagte Leona, als sie aus dem Freibad nach Hause kam, „wärst du mir sehr böse, wenn ich heute abend nicht mitkomme? Ich habe nämlich ein paar aus meiner Klasse getroffen und bin zu einer Party eingeladen worden. Ohne Jungens, du brauchst dir also gar nichts dabei zu denken."

„Auf eine Party?" Frau Heuer war dabei, sich die Locken-
wickler aus ihrem frisch gewaschenen Haar zu nehmen. „Aber
wir wollten doch zusammen ausgehen?"

„Stimmt. Aber haben du und Vati mir nicht dauernd
gepredigt, daß wir zuviel zusammenhängen? Daß ich mich
lieber an Gleichaltrige anschließen soll?"

Frau Heuer sah ihre Tochter merkwürdig an. „Ist das also
deine kleine Rache?"

„Nicht die Spur. Es hat sich einfach so ergeben."

„Das soll ich dir glauben?"

„Na klar. Ich schwindle doch nicht. Aber wenn es dir gar
nicht paßt, rufe ich eben an und sage, daß es nicht klappt. Fest
zugesagt habe ich noch nicht."

„Das wäre aber sehr gnädig von dir." Frau Heuer hatte mit
übertriebener Energie begonnen, sich die Locken auszubürsten.

„Jetzt hör mal, Mutti, du bist doch nicht etwa
eingeschnappt? Ich wette, du kannst dir auch etwas Schöneres
vorstellen, als mit deiner kleinen Tochter auszugehen."

„Um die Wahrheit zu sagen ...", Frau Heuer blickte jetzt angestrengt in den Spiegel, „... ich wollte dich mit einem Herrn
bekannt machen."

Diese Ankündigung gab Leona denn doch einen Stich. „Mit
einem Freund von dir?"

„Ja."

Leona dachte nach. „Ein Grund mehr, daß ich nicht mitkomme. Dein Freund wird bestimmt nicht auf meine Gesellschaft scharf sein."

„Aber er möchte dich kennenlernen, Leona!"

„Das kann er ja auch noch morgen. Du kannst ihn ja zum
Mittagessen einladen, zum Kaffee oder zum Tee."

„Bist du denn so wenig neugierig, Leona?"

„Na, ehrlich gesagt, ich finde, daß ist deine Sache, und die
geht mich nichts an."

„Aber es könnte daraus etwas Ernsthaftes werden."

Leona stutzte. „Du meinst, du willst ihn heiraten?"

„Vielleicht."

„Dann bleibt es trotzdem dein Problem."

„Er würde dein Stiefvater."

„Na wenn schon. Ich habe einen Vater, mit dem ich ganz zufrieden bin." Leona wurde es bewußt, daß sie sich das letzte Mal bei ihrem Vater ziemlich schauderhaft benommen hatte, und sie wurde rot. „Ob du ihn dir zum Freund oder zum Mann nimmst, ist mir ziemlich egal. Du mußt allein damit fertig werden."

„Du bist aber ganz schön cool!"

„Habt ihr mich nicht so haben wollen?"

„Du hast uns immer noch nicht verziehen!"

„Du irrst dich, Mutti. Ich bin euch wirklich nicht mehr böse, und ich fühle mich ganz wohl auf Rabenstein. Aber man wird eben älter, weißt du. Ich bin nicht mehr das kleine Mädchen, das wie eine Klette an seiner Mutter hängt. Damit ist es nun endgültig aus."

Das waren große Worte, und als Leona von der lustigen Party bei Nicole nach Hause kam und die Wohnung leer fand, da wurde ihr doch etwas mulmig zumute. Nicht, daß es ihr etwas ausgemacht hätte, allein zu sein, aber unwillkürlich stellte sie sich die Mutter in den Armen eines sehr feschen jungen Mannes vor, der in einer Diskothek mit ihr tanzte und ihr dabei Zärtlichkeiten ins Ohr flüsterte. Das tat weh. Aber warum eigentlich? War sie eifersüchtig?

Aber was für einen Sinn hatte es, auf ihre Mutter eifersüchtig zu sein? Was für ein Recht hatte sie dazu?

Nicht lange würde es dauern, das war ihr schon bewußt geworden, daß ihr die Jungen viel wichtiger sein würden als die Mutter. Warum also sollte sie ihr jetzt ihren Spaß nicht gönnen? Im Gegenteil, es wäre doch gräßlich, wenn die Mutter sich, wie manche enttäuschte Frauen es taten, jetzt an sie klammern, die beste Freundin spielen und verlangen würde, daß sie ihr ganzes Leben bei ihr bliebe.

Nein, sie hatte allen Grund ihre Mutter die Freiheit zu gönnen, schon weil sie selbst frei sein wollte.

Mit dem Verstand war das leicht zu begreifen, aber Leona konnte nicht verhindern, daß ihr Herz dennoch weh tat.

Am nächsten Morgen schliefen Frau Heuer und Leona lange – Frau Heuer, weil sie spät nach Hause gekommen war, und Leona, weil sie im Landschulheim nie die Möglichkeit hatte, lange im Bett zu bleiben.

Noch ziemlich verschlafen trafen sie sich gegen elf Uhr in der Küche und versicherten sich gegenseitig, daß es am Abend zuvor nett gewesen sei.

„Was ist nun mit deinem Freund", fragte Leona und bestrich sich ein Vollkornbrot dick mit Butter, „kreuzt er bei uns auf?"

„Nein, er hat uns zum Essen eingeladen."

Leona biß in ihr Brot. „Hoffentlich weiß er, daß ich einen guten Appetit habe."

„O ja! Ich habe ihm viel von dir erzählt."

In Rabenstein hatte Leona es sich abgewöhnt, sich sorgfältig zurechtzumachen, denn die anderen liefen dort, bis auf Ilse Moll, ziemlich salopp herum. Nur ihre Wimpern hatte sie stets sorgfältig getuscht, denn sie fand, daß sie sonst „Kaninchenaugen" hatte. Heute aber nahm sie sich die Zeit, lange in der Wanne zu aalen, und sich sehr sorgfältig zu schminken. Dann zog sie ihr bodenlanges Kleid an, das die Mutter ihr am Samstag spendiert hatte und fand sich wirklich sehr schick.

Auch die Mutter war von ihrem Aussehen sehr angetan. „Du wirkst fabelhaft erwachsen", sagte sie, „fast könnten wir Schwestern sein."

„Ja, wenn wir nicht doch einige Jährchen auseinander lägen."

„Du bist ziemlich gemein!"

„Bloß weil ich die Wahrheit sage? Wir sind keine Schwestern, und wir sind auch keine Freundinnen, wir sind Mutter und Tochter, und da beißt die Maus keinen Faden von ab."

„Du hast ja recht." Frau Heuer betrachtete ihr junges, aber doch nicht mehr ganz junges Gesicht im Spiegel. „Aber ich kann mich nur schwer daran gewöhnen, eine so große Tochter zu haben."

„Solltest du aber. Zwangsläufig werde ich nämlich immer größer und größer."

Zur Feier des Tages gönnten sie sich ein Taxi. Das Restaurant lag in Schwabing. Und als das Taxi hielt, hatte Leona es eilig hineinzukommen, denn sie hatte Hunger. Um sich den Appetit nicht zu verderben, hatte sie zum Frühstück nur eine Scheibe Vollkornbrot mit Butter gegessen. Außerdem war sie gespannt auf den Freund ihrer Mutter.

Er erwartete sie an der Bar, und Leona fiel es nicht leicht, ihre Enttäuschung zu verbergen.

„Doktor Meisel", machte Frau Heuer bekannt, „meine Tochter Leona."

Doktor Meisel streckte ihr eine dicke, kurzfingrige Hand entgegen. „Freut mich, freut mich sehr!"

Leona hatte ihm nur die Fingerspitzen gegeben und rasch wieder zurückgezogen.

Doktor Meisel war alt – mindestens zehn Jahre älter als der Vater –, mittelgroß, hatte schütteres Haar, und auch sein sehr schicker, bestimmt maßgeschneiderter Anzug konnte nicht verbergen, daß er um die Hüften Fett angesetzt hatte. Aber seine grauen Augen blickten freundlich und intelligent.

Sie nahmen einen Aperitif – Frau Heuer und Doktor Meisel einen Sherry, Leona einen frisch ausgedrückten Orangensaft. Auf einem der hohen Stühle der kleinen Bar sitzend fühlte sie sich ausgesprochen gehoben. Sie beobachtete das elegante Publikum und gab sich selber ganz als Dame. Auch später, bei dem sehr delikaten Essen, machte sie gewandt Konversation, gab sogar einige Anekdoten aus Rabenstein – in harmloser Fassung, versteht sich – zum besten, und war, alles in allem so altklug, wie man mit dreizehn Jahren nur sein kann.

Frau Heuer beobachtete sie mit einigem Unbehagen, war aber immerhin froh, daß sie ihre Stacheln nicht aufstellte, sondern sich manierlich gab.

Nach dem Essen und dem Kaffee verabschiedete sich Doktor Meisel, und Mutter und Tochter schlenderten noch ein bißchen über die Leopoldstraße, um die modischen Auslagen in den Geschäften zu begutachten.

„Du hast auf Doktor Meisel einen ausgezeichneten Eindruck gemacht", erzählte Frau Heuer beiläufig.

„Freut mich zu hören."

„Als du im Waschraum warst, hat er gesagt, du seist ein ganz reizendes und guterzogenes Mädchen, und er verstünde gar nicht, was wir an dir auszusetzen hätten."

„Meine Rede seit langem."

Eine Weile schlenderten sie schweigsam weiter, bis Frau Heuer sich zu der Frage aufraffte, die ihr seit einiger Zeit auf der Seele brannte: „Und wie gefällt er dir?"

Leona zögerte mit der Antwort. Sie hatte gut gegessen, der Tag war schön, sie freute sich, wieder in München zu sein, und sie wollte die Mutter nicht verärgern. „Er ist sehr nett, das weißt du", sagte sie endlich.

„Das klingt nicht gerade begeistert."

„Na, begeisternd ist er ja auch wirklich nicht!" rutschte es Leona heraus. „An Vati kann er jedenfalls nicht tippen."

„Aber in ihm habe ich endlich einen Mann gefunden, bei dem ich mich geborgen fühlen kann", sagte Frau Heuer heftiger, als es nötig gewesen wäre.

„Na dann ... herzlichen Glückwunsch!" Leona zuckte die Achseln.

Sie gab sich Mühe, gleichmütig zu bleiben, aber auch sie war gereizt. Warum zogen die Erwachsenen sie immer wieder in ihre Verwicklungen hinein? Schließlich hatte sie genug eigene Probleme.

Obwohl es noch Stunden bis zur Rückfahrt dauerte, begann Leona sich jetzt schon nach Rabenstein zu sehnen.

Eine langersehnte Verabredung

Wenige Tage später geschah dann das Wunder.

Als Leona, Sabine und Alma aus dem Schwimmbad kamen – es war inzwischen schon recht heiß geworden, und sie hatten sich nach dem Tennisspiel geduscht – lehnte Helmer Theiss am Stamm einer Ulme und sah Leona an. Sie wurde über und über rot und fragte sich, ob dieser Blick wirklich etwas zu bedeuten hätte oder ob sie sich das nur einbildete.

Nach einigen Schritten hatte sie sich zu der Überzeugung durchgerungen, daß es zumindest nichts schaden konnte, wenn sie es auf einen Versuch ankommen ließ.

Bei der nächsten Bank machte sie Halt. „Geht nur weiter!" rief sie den Freundinnen zu. „Mein Schuhband ist gerissen ... ich komme gleich nach!" Sie setzte ihren linken Tennisschuh auf die Bank und machte sich an dem Band zu schaffen, dem natürlich nichts, aber auch gar nichts fehlte.

Schon glaubte sie, das Theater nicht länger durchhalten zu können, als ein schmaler Schatten über sie fiel.

„Kann ich helfen?" fragte Helmer Theiss.

Leona richtete sich auf. „Sehr lieb von dir, ist aber schon in Ordnung."

Sie sahen sich an, und Leona dachte, daß Helmer Theiss mit seinen schwarzen Locken, den dunkelblauen Augen und den langen, hübsch gebogenen Wimpern wirklich der faszinierendste Junge war, den sie je gesehen hatte.

„Ich hab dir vorhin beim Tennis zugesehen", sagte er.

„Hab ich gar nicht gemerkt."

„Doch." Pause. „Du spielst prima."

„Kann ich gar nicht finden. Meine Rückhand ist viel zu schwach."

„Dafür bist du ja auch ein Mädchen."

Leona nahm allen Mut zusammen. „Du, Helmer, würdest du mal mit mir spielen? Nur so zur Übung für mich? Daß ich nicht gegen dich aufkomme, weißt du ja."

„Kannst du haben." Helmer Theiss zog ein Notizbuch aus der Hosentasche. „Donnerstag um fünf?"

„O ja, gern." Leona hatte keine Ahnung, was sie am Donnerstag um fünf geplant hatte, aber das war ja auch gleichgültig: Für Helmer Theiss hätte sie jede andere Verabredung und jede Extrastunde platzen lassen.

„Dann werde ich mich gleich um den Platz kümmern."

Nach diesem Gespräch schwebte Leona wie auf Wolken. Sie, die in der Schule bisher immer geglänzt hatte, gab nun auf einmal verkehrte Antworten oder gar keine.

Die Lehrer schüttelten den Kopf über sie, aber das ließ sie kalt. Wer konnte von ihr verlangen, daß sie sich für Englisch und Mathematik interessierte, wenn sie eine Verabredung mit Helmer Theiss hatte!

Auch die Freundinnen beobachteten ihre Veränderung besorgt.

„Was ist eigentlich los mit dir?" fragte Alma. „Bist du krank?"

„Nicht die Bohne."

Helmer ist wirklich der hübscheste und faszinierendste Junge, den ich je gesehen habe

„Du bist in letzter Zeit so komisch."

„Dann habt ihr wenigstens was zu lachen."

„Laß sie in Ruhe, Alma", sagte Sabine, „merkst du nicht, daß sie wieder mal ihren Rappel hat?"

Leona merkte selber, daß ihr Verhalten wieder einmal nicht dazu angetan war, die Herzen zu gewinnen. „Entschuldigt, bitte", sagte sie reuevoll, „ich wollte euch nicht kränken. Ihr habt ja recht, ich bin wirklich ganz durcheinander."

„Ärger zu Hause?"

„Nein. Ich erzähl's euch, wenn ihr mir hoch und heilig schwört, kein Wort zu verraten."

Dazu erklärten sich die Freundinnen bereit.

„Ich bin mit Helmer Theiss verabredet!" platzte Leona heraus. „Zum Tennis."

„Hui", sagte Alma nüchtern, „dann mußt du dich aber mächtig ins Zeug legen."

Aber Sabine zeigte, daß sie beeindruckt war. „Toll", meinte sie, „das ist schon was! Der Helmer hat sich bisher noch nie für ein Mädchen interessiert."

Leona spürte, daß es nicht einfach sein würde, mit einem Jungen zurechtzukommen, wenn man, wie sie, bisher noch gar keine Erfahrungen hatte – und dann gleich mit einem Jungen wie Helmer Theiss, der vielen anderen auch gefiel.

Als Leona am Donnerstag zur verabredeten Zeit auf den Tennisplatz kam, war Helmer Theiss schon da. Er sah unheimlich gut aus in seinen weißen Shorts, die seine langen, braungebrannten Beine voll zur Geltung brachten. Leona hatte, schon als sie sich in ihrem Zimmer vor dem Spiegel schöngemacht hatte, den Verdacht gehabt, daß es vielleicht keine ganz so gute Idee gewesen war, sich ausgerechnet zum Tennis zu verabreden.

So war es auch. Zwar war er sehr anständig, jagte sie nicht von einer Ecke in die andere, sondern spielte ihr geduldig zu. Aber seine Bälle kamen so hart und so schnell, daß sie doch ganz schön ins Schwitzen geriet. Sie spürte, wie ihr Gesicht feuerrot anlief und ihr kunstvolles Augen-Make-up sich auflöste.

Sie versuchte zu lachen, die Situation mit einem scherzhaften Zuruf aufzulockern. Aber Helmer Theiss ihr gegenüber spielte stur und ohne eine Miene zu verziehen. Zu allem Überfluß hatte sie das Gefühl, daß er, der es gewohnt war, schnelle Wettkämpfe zu liefern, sich im Zusammenspiel mit ihr schrecklich langweilen mußte. Der Schweiß lief ihr aus den Haaren in die Augen und den Rücken hinunter, und sie war den Tränen nahe.

Endlich, endlich war die halbe Stunde, für die sie den Platz reserviert hatten, vorbei. Kurt Büsing — ausgerechnet Kurt! — und ein Freund, warteten schon darauf, daß sie endlich an die Reihe kämen. Natürlich konnten sie sich dumme Bemerkungen nicht verkneifen.

„Bißchen schneller, Leona!" rief Kurt. „Seit wann verlegst du dich aufs Zeitlupentempo?"

Und der andere: „Gibst du seit neuestem Trainerstunden, Theiss? Wieviel zahlt dir denn die Kleine?"

Leona war heilfroh, als Helmer Theiss einen Ball von ihr mit der Hand auffing und „Ende" rief.

Nachher schlenderten sie zusammen durch den Park.

Leona war befangen wie nie, weil sie glaubte, eine schlechte Figur gemacht zu haben. „Ich geh duschen", sagte sie, „du hast mich ganz schön ins Schwitzen gebracht."

„Tut mir leid", sagte Helmer Theiss; er war frisch wie der junge Morgen.

Stumm gingen sie nebeneinander her, und Leona glaubte schon, daß dies das Ende einer Beziehung wäre, die doch gerade erst begonnen hatte.

Doch vor dem Bad sagte er: „Wir sehen uns doch mal wieder?"

Sie hatte eine dumme Bemerkung wie „Das sowieso" schon auf der Zunge, aber sie wußte natürlich, wie er es gemeint hatte und sagte vorsichtig: „Wenn du willst."

„Ja, ich will schon."

„Ich auch."

„Also wann?"

„Sag du!"

Aber dadurch schien Helmer Theiss überfordert zu sein. Er schwieg und zog mit der Spitze seines rechten Schuhs Figuren auf den Weg.

Leona nahm allen Mut zusammen. „Wir wär's, wenn wir mal zusammen ins Dorf gingen? Zum Konditor?"

Im Dorf gab es ein kleines Café, das Café „Ausblick", dessen beste Kunden, jedenfalls außerhalb der Ferienzeit, die Rabensteiner waren.

„Gute Idee!" sagte Helmer. „Wann?"

„Sonntag nachmittag? Da kriegen wir am leichtesten Ausgang."

„Einverstanden."

„Drei Uhr am Tor?"

„Ist geritzt."

Bis zum Sonntag lebte Leona weiter in einem Zustand wolkenlosen Glücks. Schon kurz nach dem Mittagessen fing sie an, sich schön zu machen und wählte, um Helmer zu imponieren, ihr neues bodenlanges Kleid, in dem sie, wie die Freundinnen bestätigten, einfach süß aussah.

Der Blick, mit dem Helmer Theiss Leona zur verabredeten Zeit empfing, war voller Bewunderung. Auf dem Weg zum Dorf nahm er ihre Hand, und Leona war überglücklich. Sie aßen Schwarzwälder Kirschtorte und tranken Cola, und er ließ es sich nicht nehmen, für sie zu zahlen.

Es hätte nicht schöner sein können.

Als sie das Café verließen, war es noch früh am Tag, und statt gleich zum Landschulheim zurückzuklettern, machten sie einen Umweg und landeten auf einer Wiese.

Eine knorrige Ulme bot Schatten.

„Setzen wir uns doch ein bißchen", schlug Helmer vor.

Leona dachte zwar an ihr Kleid und fürchtete sich vor Grasflecken, dennoch befolgte sie wie hypnotisiert Helmers Vorschlag.

Nebeneinander saßen sie unter der Ulme, er riß Grashalme ab und kaute darauf. Dann legte er seinen Arm um ihre Schultern. Sie ließ es geschehen.

Plötzlich küßte er sie mit großer Heftigkeit.

Obwohl Leona etwas Ähnliches hätte erwarten können, fühlte sie sich dennoch völlig überrumpelt. Sie fand es gräßlich und wehrte sich mit aller Kraft.

„Was ist denn mit dir?" fragte Helmer Theiss. Aber er war nicht mehr der kühle, gut aussehende Junge, in den Leona sich verliebt hatte, sondern er hatte ein rot angelaufenes, verzerrtes Gesicht, das ihr ganz unbekannt war.

„Laß mich!" rief sie und gab ihm noch einen Stoß vor die Brust.

„Ich denke, du stehst auf mich!"

„Deshalb brauchst du dich doch nicht so zu benehmen!"

„Ich habe dich doch bloß geküßt!"

„Aber wie!" Leona sprang auf die Füße und zupfte sich ihr langes Kleid zurecht – zum Glück hatte es, soviel sie sehen konnte, keine Flecken abbekommen.

Auch Helmer Theiss erhob sich, immer noch rot angelaufen. „Entschuldige schon, ich hab's nicht so gemeint."

Leona war wütend. „Du warst ekelhaft!"

Schweigend machten sie sich auf den Heimweg. Leona ging ein Stück voraus, Helmer Theiss einen halben Meter hinter ihr.

Erst als sie den Burghof erreichten, holte er sie ein.

„Was ist nun?" fragte er.

„Was soll schon sein?" erwiderte sie.

„Ich meine . . . wann treffen wir uns wieder?"

„Damit du dich noch einmal auf mich stürzen kannst?"

„Aber Leona!"

Helmer Theiss blickte sie flehend an und war jetzt wieder der zurückhaltende, gutaussehende Junge, in den sie sich verliebt hatte.

Aber zu ihrer eigenen Überraschung gefiel er ihr überhaupt nicht mehr.

„Ach, laß mich doch in Ruhe", sagte sie und ließ ihn stehen.

Die Freundinnen warteten schon gespannt, als Leona von ihrem kleinen Ausflug zurückkam.

„Na, wie ist's gelaufen?" fragte Alma sofort.

„Nicht besonders." Leona hatte keine Lust, etwas zu erzählen und setzte ein abweisendes Gesicht auf.

„Du brauchst nichts zu sagen, wenn du nicht willst", erklärte Sabine.

Leona kämpfte mit sich; lieber hätte sie geschwiegen, aber sie hatte gelernt, daß man Freunde nur finden kann, wenn man sich nicht vor seinen Mitmenschen verschließt. „Er hat mich geküßt", gestand sie deshalb, wenn auch mit Überwindung.

„Du siehst aber nicht wie ein glückliches Mädchen aus", stellte Alma fest.

„Es war scheußlich", sagte Leona ehrlich.

„Wieso?" — „Warum?" fragten die Freundinnen.

„Kann ich schlecht erklären, es hat mir einfach nicht gefallen. Ich war nicht vorbereitet."

„Das hättest du aber sein sollen!" meinte Alma.

„Ja, ich weiß. Ich glaube, ich hatte es mir sogar gewünscht. Aber ich hatte es mir eben anders vorgestellt. Zärtlich und romantisch und nicht so . . . so ungeschickt und wild."

Alma lachte. „Woher soll der gute Helmer denn die Übung haben?"

„Lacht mich nicht aus! Ihr könnt euch ja nicht vorstellen, wie enttäuscht ich bin!"

Leona brach in Tränen aus, und das Weinen und die Tröstungen der Freundinnen taten ihr so gut, daß sie, als sie zum Abendessen hinuntergingen, schon wieder ganz obenauf war. Das Kapitel Helmer Theiss war abgeschlossen, und sie war froh, daß sie endlich wieder den Kopf und das Herz frei hatte.

So einfach, wie sie geglaubt hatte, kam sie aber aus der Geschichte nicht heraus. Wenn auch für sie der Fall gelaufen war, für Helmer Theiss dagegen noch lange nicht.

Wo immer sie sich begegneten, verfolgte er sie mit seinen sehnsuchtsvollen Blicken. Ja, er versuchte sogar immer wieder mit ihr ins Gespräch zu kommen. Sie gab ihm dann eine patzige Antwort und ließ ihn stehen.

Es mußte doch möglich sein, dachte sie, eine normale Beziehung zwischen ihnen herzustellen.

Es war mittlerweile sommerlich warm geworden, die Glaswände des Schwimmbades waren versenkt worden, und die Rabensteiner verbrachten den größten Teil ihrer Freizeit am oder im Wasser. Leona lag am Rand des Beckens in der Sonne – zufällig einmal allein – und Helmer Theiss nutzte die Gelegenheit.

„Hei, Leona!" Er ließ sich neben ihr nieder.

„Hei, Helmer", gab sie, freundlicher als in all den vergangenen Tagen, zurück.

„Herrliches Wetter, was?"

„Kann man wohl sagen."

„Kommst du mit ins Wasser?"

Eine lange Pause entstand.

Dann sagte er, und seine Stimme zitterte: „Hör mal, Leona, könnten wir uns nicht wieder mal verabreden?"

Leona richtete sich auf. „Nein, Helmer, nie wieder. Ich habe nichts gegen dich, und ich bin dir nicht böse. Aber ich will nie wieder mit dir allein sein. Wenn du ein Mädchen zum Ausprobieren suchst, dann häng dich an eine andere."

Helmer Theiss hockte da wie ein begossener Pudel und suchte nach Worten.

Er tat Leona leid. Aber sie wagte nicht es ihm zu zeigen, aus Angst, er könnte sie wieder falsch verstehen. „Ich hoffe, jetzt war ich deutlich genug", sagte sie, „also, bitte: schwing dich!"

Sie atmete auf, als Helmer Theiss endlich abzog.

Aber sie sollte nicht lange allein bleiben. Kaum war er fort, da ließ sich Kurt Büsing neben ihr nieder.

„Mir scheint, mein Frottiertuch hat heute eine magische Anziehungskraft", sagte sie und rückte zur Seite.

Kurt Büsing lachte. „Du bist ganz schön frech, Kleine."

„Man muß sich wehren."

„Gegen mich doch nicht." Kurt machte es sich im Schneidersitz bequem. „Mit Helmer ist's also aus?"

„Woher weißt du?"

„Ich habe dir schon mal gesagt, daß ich eine scharfe Beobachtungsgabe habe, besonders wenn's um dich geht. Hat er sich schlecht benommen?"

„Nein!" sagte Leona, die Helmer nicht vor Kurt bloßstellen wollte. Und plötzlich wußte sie einen anderen, mindestens so wichtigen Grund für ihre Abkühlung: „Es war langweilig mit ihm. Wir konnten eigentlich über gar nichts zusammen sprechen."

„Das war vorauszusehen." Kurt faßte ihr Handgelenk. „Ich passe viel besser zu dir, Leona!"

Leona sah ihn an. Kurt sah nicht besonders gut aus, aber er war intelligent, und er war lustig. Von Anfang an hatte sie über alles mit ihm reden können.

„Aber du kannst doch nicht treu sein!" wandte sie ein.

„Wer sagt denn das? Bloß habe ich nach einer Freundin gesucht. Daß es immer wieder 'ne Enttäuschung war, das ist doch nicht meine Schuld. Du bist die Richtige für mich, das weiß ich schon lange."

Leona spürte, daß es Kurt ernst war, und auch, daß sie selber ihn mochte. „Aber du darfst mich nicht wieder küssen", sagte sie, „ich mag das nicht leiden . . . jetzt noch nicht!"

„Wenn's weiter nichts ist! Ich werde dich erst küssen, wenn du mich ganz, ganz schön darum bittest!"

Kurt sprang auf die Füße und zog auch Leona hoch. „Komm, jetzt machen wir einen Rundlauf durchs Gelände! Ich bin ja so froh, daß endlich alles zwischen uns geklärt ist!"

Fast stießen sie mit Ilse Moll zusammen, die ihnen, sehr damenhaft, mit riesengroßer Sonnenbrille und angemalt wie zu einem großen Stadtbummel, entgegen kam. Leona und Kurt dachten an alles, was sie erlebt hatten, und brachen wie auf Kommando in ein schallendes Gelächter aus.

Kopfschüttelnd blickte Ilse den beiden nach, wie sie, Hand in Hand, davonliefen.

Am nächsten Wochenende war Besuchssonntag. Leona hoffte, daß ihr Vater oder ihre Mutter kommen würden. Wenn nicht, wollte sie mit Kurt einen Ausflug auf die nächste Bergstation machen.

Doch kurz vor zehn Uhr fuhr Frau Heuers kleines Auto in den Burghof ein.

Leona lief hin. „Mutti! Fabelhaft, daß du gekommen bist!"

Frau Heuer nahm ihre Tochter in die Arme. „Ich hab dir auch was Schönes mitgebracht!"

„Ja, wirklich? Was denn?"

Leona blickte in das Auto hinein und sah ihren Vater, der dabei war, seine langen Beine zu entflechten.

„Vati, du auch?" rief sie begeistert.

„Wir haben eine gute Nachricht für dich!" Herr Heuer blickte lächelnd seine Frau an: „Oder wollen wir es ihr erst später sagen?"

„Nein, bitte, bitte, jetzt!"

„Ja, weißt du!" Frau Heuer war ein wenig verlegen. „Wir haben uns nämlich wieder versöhnt und beschlossen, zusammenzubleiben. Meinen Beruf gebe ich nicht auf, aber ... du kannst trotzdem nach Hause kommen. Du bist ja ein großes Mädchen und ..."

Leona hörte gar nicht mehr hin; sie dachte in Blitzgeschwindigkeit nach wie noch nie in ihrem Leben.

Wieder zu Hause leben zu dürfen, ein eigenes Zimmer mit allem Komfort haben, das wäre natürlich herrlich. Aber wünschte sie sich das jetzt wirklich noch? Wollte sie denn all den Spaß auf Rabenstein aufgeben und das gerade jetzt, wo sie einen Freund gefunden hatte?

„Wißt ihr was", sagte sie, „seid mir nicht böse, aber ich glaube, ich bleibe doch lieber hier. Es gibt ja so viel Heimfahrtswochenenden und so viele Ferien. Ich bin sehr froh, daß es zwischen euch beiden nicht mehr kracht, und daß ich ein richtiges Zuhause habe, wenn ich nach Hause komme. Aber für immer ... nein, doch nicht."

Die Eltern sahen sich ein wenig betroffen an.

„Vielleicht hast du recht", sagte dann der Vater.

„Aber sicher!" behauptete Leona. „Sagt mal, könnten wir wohl heute jemanden mitnehmen?"

„Eine Freundin?" fragte die Mutter überrascht.

„Einen Freund. Dessen Eltern kommen nämlich nicht und deshalb ..."

153

„Den Knaben würde ich gerne kennenlernen", sagte Herr Heuer.

„Na wunderbar!" Leona legte die Hände an den Mund und schrie: „Kurt! Kurt!" Gleichzeitig rannte sie los um ihn zu suchen.

Ihr Herz war so frei, so leicht und so glücklich wie nie zuvor.

Dieses Buch wurde auf chlorfreies,
umweltfreundlich hergestelltes
Papier gedruckt.

© 1977 Franz Schneider Verlag GmbH
Schleißheimer Straße 267, 80809 München
Titelbild und Illustrationen: Nikolaus Moras
Umschlaggestaltung: Claudia Böhmer
Druck: Presse-Druck Augsburg
Bindung: Conzella Urban Meister,
München-Dornach
ISBN: 3-505-07703-8
Alle Rechte der weiteren Verwertung liegen
beim Verlag, der sie gern vermittelt.

SPANNENDE SchneiderBücher SERIE VON MARIE LOUISE FISCHER

Ein Mädchen kommt ins Landschulheim
(Band 1)
Leona kämpft um eine Freundschaft

Es tut sich was im Landschulheim
(Band 2)
Ute schafft Verwirrung auf Burg Rabenstein

Jung und verliebt im Landschulheim
(Band 3)
Leona und Ute entdecken ein Geheimnis

Geschenkpreisbücher
VON
MARIE LOUISE FISCHER

Freundinnen durch dick und dünn
Nur Mut, liebe Ruth! · Susebill tut, was sie will · Im Internat gibt's keine Ruhe

Klaudia
Klaudia, die Flirtkanone · Klaudias großer Schwarm · Klaudias erste Tanzstunde

Michaela
Michaela kommt ins Großstadt-Internat
Michaela rettet das Klassenfest
Michaela löst eine Verschwörung

Ulrike im Internat
Ulrike kommt ins Internat
Ulrike das schwarze Schaf im Internat
Schön war's im Internat, Ulrike

Wenn's im Schwindeln Noten gäbe ...
Im Schwindeln eine Eins
Daniela und der Klassenschreck

Delias Abenteuer
Delia, die weiße Indianerin
Delia und der Sohn des Häuptlings
Delia im Wilden Westen

**Mein
Geheim-
Tagebuch**

Für jedes junge Mädchen kommt
sicher einmal die Zeit, wo es seine
kleinen und großen Geheimnisse
selbst mit der besten Freundin
nicht teilen möchte. Wie schön ist es
dann, wenn man seine Freuden
und Sorgen, seine Träume und
Sehnsüchte einem Tagebuch anvertrauen kann.